# 円満相続のための家族会議の始め方

JN103330

司法書士・行政書士
太田昌宏

メディアパル

はじめに

# 家族会議を行って、円満相続を迎えよう

私は、愛知県で司法書士と行政書士をしています。みなさんも、この職業の名前は耳にしたことがあると思います。

司法書士は、「登記のプロ」として、相続をはじめとする不動産の名義変更などを専門に行う国家資格の職業です。

2023年4月から相続土地国庫帰属制度の運用が始まったこと、また2024年4月から相続登記が義務化されることになり、私も相続に関する相談を受ける機会がかなり増えています。

本書のカバーには、「9割がもめる」と書かれています。この「もめる」とは、裁判や調停といった遺産分割の争いになるという意味ではありません。裁判沙汰にならないまでも、遺産をめぐって不仲になる・しこりが残るケース、さら

には介護のこと、お墓のこと、雑多なものの片づけといった遺産分割以外のことをめぐって「家庭内に何らかのトラブルが起こる」という意味です。

私は、日常の業務で遭遇する事案や耳にするお客さまの声を通して家族会議の必要性をひしひしと感じており、ぜひおすすめしたいと考え、ノウハウを一冊にまとめました。

相続に関心をお持ちの方はもちろん、「相続なんてまだ先の話だ」と考えている方や、「親の相続について、何から手をつければよいのかわからない」という方にも役に立つ内容を、できるだけ平易な表現を用いて書きました。

もちろん、司法書士ならではの視点を随所に盛り込んでいます。イラストや図をたくさん使っているので、読みやすくなっていると自負しています。

手に取っていただいたみなさんの「円満相続」の一助になれば幸いです。

司法書士・行政書士　太田昌宏

ああ、失敗！

# 話し合っておけばよかったこと

相続が開始されてから発覚し、もめてしまったケースを紹介します。

## 口約束は困る！

「父が『この財産はおまえに』と言ってくれた」「いや、そんな話は聞いていない」。口約束だけでは証明はできないのです。

←136
ページへ

## 片づけ、たいへんなんだけど

子どもは「死ぬ前に片づけて」とは言えません。結果、処分に困るモノが大量に。せめて、処分費用だけは残しておきましょう。

←38
ページへ

## 教えておいてほしかった……

最近増えているデジタル遺産。このSNS、解約したくてもIDやパスワードがわからない。有料サイトだけでも、解約に必要な情報を残しましょう。

←50 ページへ

## 何、その借金？

亡くなった後に見つかった謎の借金。実家の土地や家はあるけれど、どうすれば？

←48 ページへ

## 葬儀費用が高い！

葬儀の希望は母にだけ伝えられていた。そのとおりに行ったら、想定外の金額を請求されてしまうことに。

←78 ページへ

こうならないために
**家族会議**を始めましょう！

もくじ

●はじめに　家族会議を行って、円満相続を迎えよう …… 2
●ああ、失敗！　話し合っておけばよかったこと …… 4
●知っておきたいキーワード …… 12

# パート1 円満相続のために家族会議は必要！

●個人で準備しても結局もめる。だから「家族会議」が必要 …… 18
●目的は「想い・考え」を伝えてたがいに「意見」を交わすこと …… 20
●会議のメリットは家族の本音がわかること …… 22
●トラブルの芽を発見し、事前に摘むことも可能 …… 24
●財産をオープンにすると争いの火種が減らせる!? …… 26
ワンポイントアドバイス① 実録！「争続・争族」はこうして起こる …… 28

パート
2
# 家族会議の前に考えておくべきこと


●会議を始める以前に心に留めておきたいこと……30
●相続財産ってそもそも何？……34
●見落とすと厄介なことに！　把握しておきたい相続財産……36
●誰もが不要!?　処分に困る財産……38
●あなたの「財産」とは何？　自分でしっかり把握しよう……40
●見落としがないか要チェック。財産を把握するためのヒント……44
●デジタル遺産は事前に必ず整理を……50
●誰が相続人になるのか把握できていますか？……52
●どの相続人に何を相続させるか……56
●相続について助言をもらうなら専門家に……58

●そもそも相続の専門家とはどういう人なのか？ …… 60
●どの専門家に何を頼めるのか把握しよう …… 62
●専門家に依頼したら報酬っていくらかかる？ …… 64
●初めての相談で頼むならこんな人に …… 66
●こんな対応は専門家に嫌われる …… 68
●誰に何を残したいか、その理由を説明できる？ …… 70
●確実に引き継がせたいなら生前に手続きをする …… 72
●自分の介護については家族会議の重要なテーマ …… 74
●自分の葬儀について現実的に考えてみる …… 78
●現代のテーマは、「そもそもお墓、いりますか？」 …… 80
●納骨方法は？　維持・管理について考える …… 82
●法律を知ることで現実が見えてくる …… 84
ワンポイントアドバイス❷　専門家のセカンドオピニオン …… 86

# パート3 いざ！家族会議の始め方・進め方

●家族会議の始まりは親から切り出す …… 88
●参加するのは「相続人」。子の配偶者に注意！ …… 90
●相続財産以外に話題となること …… 92
●会議の記録は必ず残しておく …… 96
●相続に関して家族に必ず伝えること① …… 100
●相続に関して家族に必ず伝えること② …… 102
●自分の死後、家族にどう過ごしてほしいか …… 104
●葬儀とお墓の希望を伝え、家族の判断材料に …… 106
●話し合いを円滑に進めるには聞く耳を持つことが大切 …… 108
●誰が自分の面倒をみるのか決められないときは …… 112

●「家を処分してほしい」と言われたら？ …… 114
●話がまとまらないときの解決方法 …… 116
ワンポイントアドバイス③ 遺言時と死亡時の財産に差が出ることも …… 118

パート
# 4
# 家族会議のあとやるべきこと

●会議を終えて最初にやるべきことは？ …… 120
●費用面から手続きの時期を考える …… 122
●強い希望がかなうかどうかを考える …… 126
●「やればできる」こともある。自分で行う生前の手続き …… 128
●手続きにかかる費用は？ 専門家の報酬は千差万別 …… 130
●「葬儀費用は生前に用意」。それって意外と難しい …… 132
●相続税対策は必要なの？ その前に税金の試算が必要 …… 134

●遺言書は、迷うなら作成しておく……136
●自分の死後、相続人がもめないために……138
●専門家に任せるべき死後の業務とは？……140
●金融機関にも相続手続きのサポートサービスがある……146
●最近よく聞く任意後見契約や死後事務委任契約のしくみ……148
●家屋は「どう引き継ぐ」かも決定して準備する……150
●家屋を引き継ぐ人がいない。ならば、どうする？……154
●死ぬまで家に住み続け、亡くなったら家ごと精算……156
ワンポイントアドバイス❹ 結局、何をどこまで話し合えばよい？……158
●おわりに……159

# 知っておきたいキーワード

本書で登場する「相続に関する重要な用語」（五十音順）です。実際の手続きや専門家との会話のなかで登場することがありますので、覚えておくと便利です。

## 遺《い》産《さん》分《ぶん》割《かつ》協《きょう》議《ぎ》書《しょ》

相続財産の配分などを相続人全員で協議し、合意した内容を記した書面。

◀◀◀138ページ

## 遺《い》留《りゅう》分《ぶん》

法定相続人に法律上取得することが保障されている遺産の割合。ただし、相続人が兄弟姉妹や甥姪の場合、遺留分はない。

◀◀◀84ページ

## 換《かん》価《か》処《しょ》分《ぶん》

不動産やモノなどを売却して現金化する手続き。

◀◀◀143ページ

## 検《けん》認《にん》

家庭裁判所において、自筆証書遺言（法務局で保管されているものを除く）の遺言書の形状、加除訂正の状態、日付、署名などの内容を明確にする手続き。遺言書の偽造変造を防止するために行われる。

◀◀◀137ページ

## 公《こう》正《せい》証《しょう》書《しょ》

各地の公証役場に所属する公証人によって作成される公文書。

◀◀◀148ページ

## 固《こ》定《てい》資《し》産《さん》税《ぜい》の課《か》税《ぜい》明《めい》細《さい》書《しょ》

毎年4月に「固定資産税の納税通知書」とセットで市区町村より送られてくる。不動産の所有者ごとに、所有する不動産の所在地や地積（土地の面積）のほか、評価や課税標準額などが載っている。

◀◀◀43ページ

本文中にラインマーカーした用語の意味はここでチェック！

## 財産目録《ざいさんもくろく》

相続に限らず、不動産、預貯金、債券などの財産をまとめた一覧表。

◀◀◀43ページ

## 祭祀財産《さいしざいさん》

「祭祀」とは、祖先や神をまつること。祭祀財産は、おもに仏壇仏具、位牌、お墓（所有権、墓地使用権）のことをいい、家系図も含まれる。

◀◀◀35ページ

## 事業承継《じぎょうしょうけい》

会社、個人事業などの経営主体（事業）を子どもなどの親族、あるいは第三者が引き継ぐこと。

◀◀◀23ページ

## 事業用財産《じぎょうようざいさん》

会社や個人事業を行うための財産のこと。たとえば、工場やお店の建物、建物内の機械類など。

◀◀◀72ページ

## 住所変更登記《じゅうしょへんこうとうき》

引っ越しなどで住所が変わった際に行う、登記簿上の住所を変更する登記（所有権登記名義人住所変更登記）のこと。

◀◀◀47ページ

## 守秘義務《しゅひぎむ》

弁護士や司法書士、行政書士などの「士業者」が負っている、職務上知り得た秘密を正当な理由なく漏らしてはいけないという義務。

◀◀◀69ページ

## 署名捺印《しょめいなついん》

名前を自署（手書き）して印鑑をついたもの。印刷やスタンプなどの名前の横に印鑑をついたものは「記名押印」という。

◀◀◀138ページ

## 所有権《しょゆうけん》

モノを所有する（使用収益処分）権利。モノを全面的に支配する権利ともいえる。

◀◀◀35ページ

# 知っておきたいキーワード

## 推定相続人《すいていそうぞくにん》

将来（被相続人が亡くなったとき）、相続人となる人のこと。亡くなった後は、単に相続人という。本書では90～91ページを除いて、基本的に「相続人」と記しています。

◀◀◀90ページ

## 相続時精算課税制度《そうぞくじせいさんかぜいせいど》

原則として60歳以上の父母または祖父母などから、18歳以上の子または孫などに対し財産を贈与した場合に選択できる制度。累計2500万円までの贈与が非課税となるが、相続が発生した際に贈与税と相続税が合算される。

◀◀◀85ページ

## 相続土地国庫帰属制度《そうぞくとちこっこきぞくせいど》

相続によって引き継いだ土地で、一定の条件（10程度）を満たしたものを国に引き取ってもらうよう申請できる制度。

◀◀◀49ページ

## 贈与《ぞうよ》

自分の財産を無償で相手に分け与えること。相続との対比で日常的に使われ、「生前贈与」ということもあるが、基本的に贈与は生存しているもの同士でしか行えない。

◀◀◀57ページ

## 抵当権《ていとうけん》

金融機関などから借りたお金（住宅ローンなど）の担保として、自宅などを差し入れることを「抵当権を設定する」という。返済が滞ると、自宅が差し押えられたり、競売にかけられたりする。

◀◀◀47ページ

## 登録免許税《とうろくめんきょぜい》

国に対して申請する手続き（登記、登録、特許、免許、許可、認可、認定、指定または技能証明の事項）の際に納付する税金。123ページの登録免許税は、相続登記申請の際に納付する税金を指す。

◀◀◀123ページ

## 本文中にラインマーカーした用語の意味はここでチェック！

### 配偶者控除《はいぐうしゃこうじょ》（相続の場合）

被相続人の配偶者に認められる相続税の控除制度。遺産分割や遺贈により実際に取得した遺産額が、一定の額（1億６０００万円または法定相続分相当額のいずれか多いほう）以内であれば、相続税はかからない。

◀◀◀111ページ

### 配偶者控除《はいぐうしゃこうじょ》（贈与の場合）

婚姻期間が20年以上の夫婦の間で、居住用不動産または居住用不動産を取得するための金銭の贈与が行われた場合、贈与額から一定額（基礎控除１１０万円のほかに最高２０００万円まで）を差し引いて税金を計算できる制度のこと。

◀◀◀127ページ

### 不動産取得税《ふどうさんしゅとくぜい》

不動産（土地家屋）を取得したときにかかる都道府県税。

◀◀◀123ページ

### 扶養親族《ふようしんぞく》

いわゆる「扶養家族」のこと。扶養者（扶養する人）の収入で養われている家族のこと。扶養家族になった人には所得税や住民税がかからず、扶養者の勤務先が加入する健康保険組合に加入できる（ただし75歳の誕生日まで）。

◀◀◀153ページ

### 法定相続情報《ほうていそうぞくじょうほう》

死亡した者（被相続人）と相続人の相続関係を証明する書面。登記所（法務局）で交付を受けることができる。

◀◀◀141ページ

# 知っておきたいキーワード

## 要介護認定《ようかいごにんてい》

介護を必要とする人の求めにより、居住地の市区町村が実施する要介護状態や要支援状態にあるかどうかの判定。

◂◂◂74ページ

## 暦年課税《れきねんかぜい》

その年の1月1日～12月31日の間にうけた贈与の合計に対して課税されること。

◂◂◂85ページ

## 老老介護《ろうろうかいご》

おもに65歳以上の高齢者の夫婦、親子、兄弟などで、一方が一方を介護すること。またその状態。なお、認知症の要介護者を、別の認知症の介護者が介護することを「認認介護」という。

◂◂◂75ページ


主要参考文献・ウェブサイト

- 『相続で家族がもめないための「生前会議」の開き方』五十嵐明彦監修（KADOKAWA）
- 『ぶっちゃけ相続 増補改訂版』橘慶太（ダイヤモンド社）
- 『令和５年度版 プロが教える！心配しない相続・贈与のすべて』相続サポートセンター監修（コスミック出版）
- 『高齢社会白書（2023年版）』（内閣府）
- 法務省　https://www.moj.go.jp
- 厚生労働省　https://www.mhlw.go.jp
- 国税庁　https://www.nta.go.jp
- 日本司法書士会連合会　https://www.shiho-shoshi.or.jp

パート1

# 円満相続のために家族会議は必要！

# 個人で準備しても結局もめる。だから「家族会議」が必要

## 相続でもめるのは話し合っていないから

本書は、生前にできる相続への準備として「家族会議」を提案します。

この「家族会議」という言葉は、法律用語ではありません。したがって、決まったやり方やルールもありません。「相続に備えて、家族と事前に話し合う場をもつこと」といえば、わかりやすいでしょうか。

私自身、司法書士・行政書士として相続に関する業務に携わるなかで、「亡くなる前にこの準備がしてあれば」「この条件があれば」「この書類が残っていれば」などと感じ、手続きを進めるのに苦労することがあります。

「自分が死んだ後のことは、残った者がなんとかしてくれる」と思っている人はけっこ

う多く、残された側（相続人）からは「生前に何か対策をしておいてくれれば」という声が、少なからず聞こえてきます。

対策をしなかったために相続人同士がもめて、親族関係がぎくしゃくするケースをたくさん見てきました。最悪の場合、裁判沙汰になり、感情のもつれだけでなく余計な費用や時間がかかる——誰しも避けたいはずです。

相続には多くの人が関わります。個人で準備をしても、意見交換や意思の疎通がなければ、結局はもめてしまいます。

ですから、事前に話し合いの場をもつことで、もめごとの芽を摘み、さまざまな手続きが円滑に進むよう提案したいのです。

# 目的は「想い・考え」を伝えてたがいに「意見」を交わすこと

## 遺言書では気持ちを伝えられない

「家族会議」の目的は、おもに3つあると考えます。

ひとつ目は「自分が亡くなった後にどうしてほしいか、想いをきちんと伝える」こと。死んでしまったら伝えることはできません。

たとえ遺言書を遺したとしても、気持ちまで伝えるのは困難です。伝えておきたいこと、やってほしいことは、きちんと場を設けて自分の言葉で伝える——これが重要だと思います。

ふたつ目は「財産の引き継ぎや処分について、自分の考えを具体的に伝える」こと。

亡くなる前に「財産」を誰にどのように引き継ぎ、あるいは処分するか、「葬儀」や

「埋葬方法」といった自身の希望や考え、遺言書を作る・作らないなどを、家族に伝えることができます。

遺言書を作ろうと考えているなら、財産の分配方法に込めた意図、文面に載せられなかった想いなどを、自身の口で説明できます。

3つ目は、「相続でもめないための事前協議の場となる」こと。話し合いの場ですから、自分の考えを一方的に伝えて終わりではありません。

当然、家族からも意見や要望が出るでしょう。意見を交わすことで、よりよい方策が見つかるかもしれません。

## 家族会議の目的

①自分が亡くなった後にどうしてほしいか、想いをきちんと伝える

②財産の引き継ぎや処分について、自分の考えを具体的に伝える

③相続でもめないための事前協議の場となる

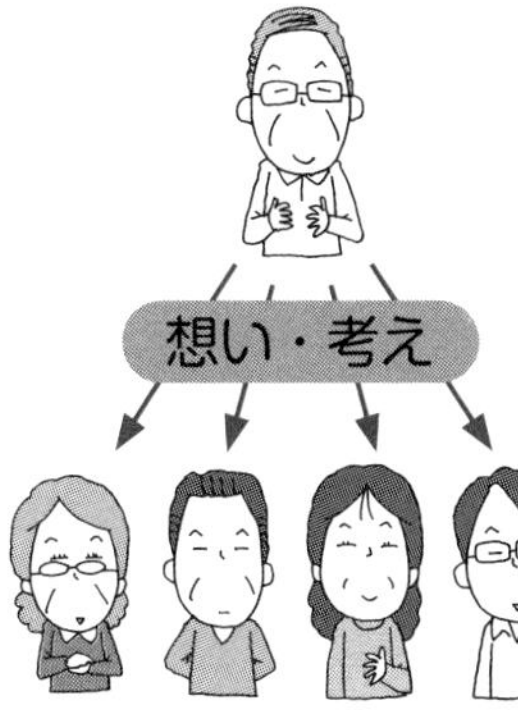

# 会議のメリットは家族の本音がわかること

## 家族で話し合う機会は貴重

家族会議は話し合いの場ですから、家族から直接、要望や意見が出てくると思います。そのなかには、受け入れられない意見もあるでしょう。しかし、その意見には、家族の本音が隠れています。それを知ることができるのが、家族会議の最大のメリットだと思います。

自分が考えた生前対策についても、答え合わせができるかもしれません。その対策に異論が出なければそのまま進めればよいでしょうし、別の提案や修正案が出るなら、吟味して変更することも可能です。

話を進めるなかで、おぼろげなアイデアが具体化したり、自分の考えを固めたりでき

るかもしれません。

家族の意見を集約すれば、遺言書を作る場合の参考になります。

家族で事業をやっていたり会社を経営したりしているような場合は、とくに事業承継・跡継ぎの問題、廃業するのか否かなど、より現実的な話し合いになり、おたがいに準備や対策ができます。

また、家族全員が知っていると思っていたらそうでもなかったり、過去のできごとに対するとらえ方がちがっていたりすることもあります。

いずれにしても、家族の本音が聞ける機会は、非常に貴重だと思います。

# トラブルの芽を発見し、事前に摘むことも可能

## 子ども同士の関係は親が思う以上に複雑!?

家族会議をすると、家族の本音が出てくると同時に、表面上はわからない家族の微妙な関係性が見えてくることもあります。

私自身、相続の相談を受けるなかで、それを実感する瞬間があります。

たとえば、両親から受けた金銭的援助に兄弟姉妹で差があったときです。「兄は都会の大学に入ってひとり暮らしをさせてもらったのに、私は地元の短大に通って両親と同居のまま。兄のほうがお金をかけてもらっている！」など。結婚式の費用、家を買ったときの援助、孫への援助など、人生の節目でお金で差をつけられたと感じた子は不満を募らせている場合も多く、それが相続の際に噴出しがちです。

よくあるのは、同居して親の面倒を見ている子が、同居していない兄弟姉妹に対して抱く不満です。とくに同居する子が金銭的負担を強いられているケースは、話がややこしくなります。

お金ばかりでなく、子どものころ親から受けた愛情が少なかったなど、兄弟姉妹との比較から出てくる感情面のしこりも、相続の場面で出てくることがあります。

親から見て円満だと思っていても、本音を語ればトラブルの芽が見つかる可能性があります。それを話し合う機会がもてるのです。

その結果、子ども同士の関係が今までよりよくなるかもしれません。

# 財産をオープンにすると争いの火種が減らせる!?

## 意外なところにくすぶる火種

自分の持っている財産を、子どもらにすべて開示すべきかどうかは、非常に悩ましい問題です。

私は、相当な資産家でなければ、財産の内容をある程度オープンにしておくことで、争いの火種が減るのではないかと考えます。

開示することで「子どもらがその財産をあてにするのでは」という心配も生まれますが、一方でこれ以上の財産はないとわかれば、過度な期待を抱かせないメリットが考えられます。

よく耳にするのは、「亡くなった後に親の通帳などを見たら、思いのほか財産はなかった」という言葉です。内容がわからなければ期待がふくらんでしまうのかもしれませんが、「ないとわかれば争いにならない」ともいえます。

余生の過ごしかたとも関係しますが、開示した段階での財産が亡くなるときまで、そのまま残るとは限りません。「余生でこのくらいの費用がかかる」と家族に合わせて伝えることで、亡くなった時点で残る額も想像ができます。

また、何らかの事情で財産を家族に管理してもらうようなことが生じても、管理している者が隠しているのではないかと疑念を抱かせなくてすむとも考えられます。

## 家族会議のメリット

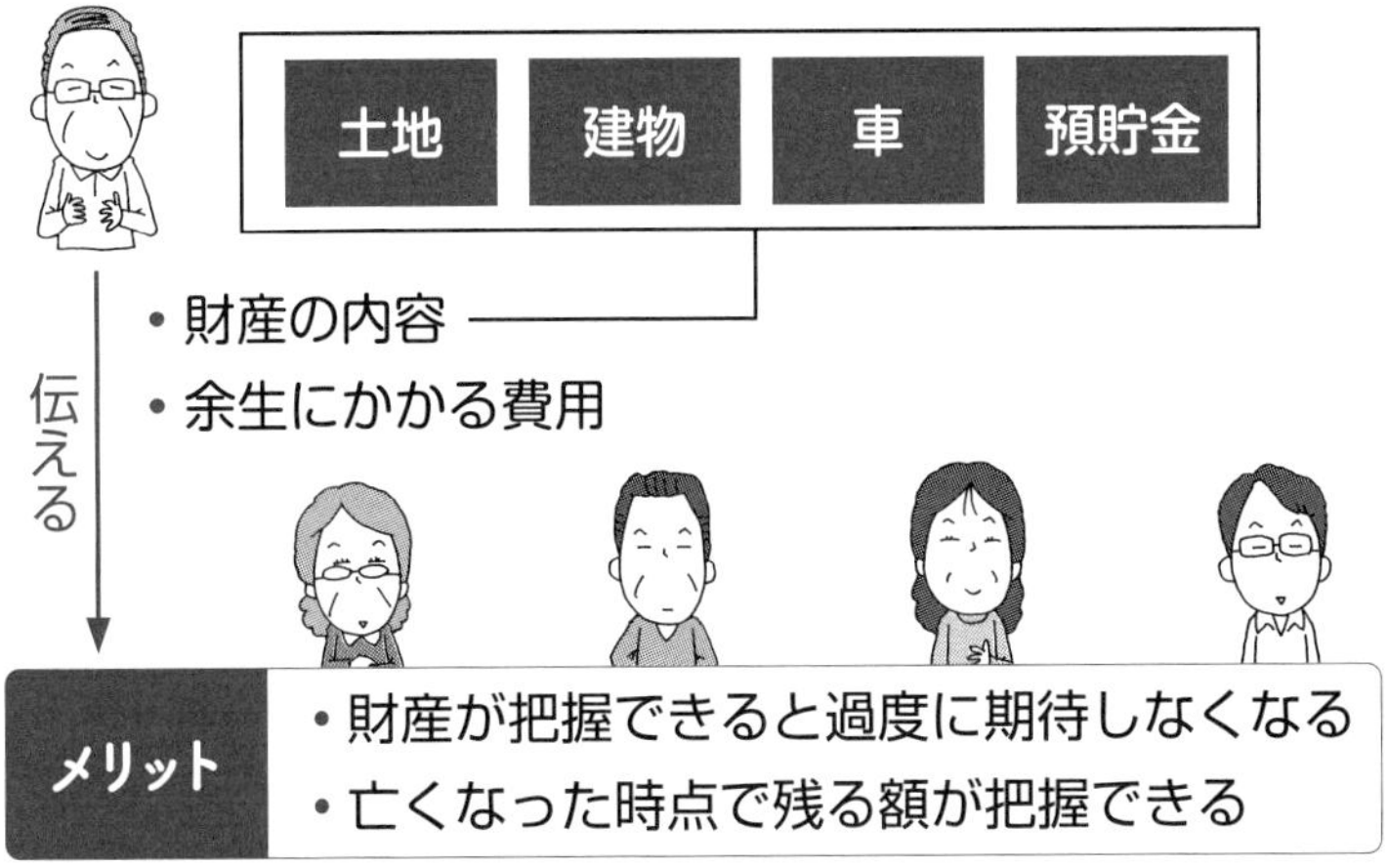

# 実録！「争続・争族」はこうして起こる

これまで相談を受けたなかにも、結果的に相続人がもめてケンカ別れをしたり、裁判沙汰になったりする「争続（争族）」がありました。共通するのは、「意思疎通ができていない」ことです。

とくに多いのは、以下の３パターンです。

**①ある相続人が独善的にことを進めたせいで、「聞いていない」「自分だけ有利にしようとしている」のような不満が出るパターン**

**②幼少期からの家族のしがらみが相続を機に現れるパターン**

**③相続人でない家族が口を出してもめるパターン**

他人であれば遠慮もありますし、ルールを決めて進めようとするかもしれません。近しい関係だからこそ、意思疎通を欠くと感情がむき出しになり、トラブルになりやすいともいえます。

また、相続は財産の多寡によりません。少額でも財産があれば「争続」は、起こりえるのです。

パート2

# 家族会議の前に考えておくべきこと

# 会議を始める以前に心に留めておきたいこと

## 一人ひとりの考えは当然バラバラ

相続に関わる人は、おのおのが考えや思いを持っています。会議を開く前に心に留めておきたいことは、事務的に進めたいと考える人もいれば、腹を割って話をしたい人もいるということです。

話し合うなかで、意見がぶつかるところが必ず出てきます。「スムーズにいかないことを前提とし、楽観視をしない」ことがポイントです。

家族会議では、この先に起こりうるトラブルの芽を摘み、懸念点をひとつずつつぶしていく必要があります。楽観的にかまえると、これらが見えなくなってしまいます。

ここでは、トラブルの芽や懸念点の例をいくつか紹介します。すべてではありませんが、想定しておくべきことのヒントになるでしょう。

**①兄弟姉妹の仲が悪い場合**

私が関わってきた相続案件でも、話を聞いてみると、相続人同士の関係性が悪いと感じるケースはありました。相続以前から関係が悪いということもあれば、それに加えて相続開始後の話の進め方をめぐって、関係が悪化することもありました。

親からすれば、普段から仲がよく、相続においてもうまく話し合ってくれるだろうと考えていても、そうなるとは限りません。

一方、子の立場からすれば、「相続でもめることがあるかも」と想定して、「親には相続についての考えを明確にしておいて

## Q もしも、準備しないまま急に亡くなったら？

人が亡くなると、やらなければならないことが一度にやってきます。ひとつずつ、どうするか決定しながら処理していかなければなりません。内容によっては、家族で話し合って決めなければならないこともあります。

子からすれば、葬儀やお墓への希望、財産の処理方法などは、そのとおりにできるかどうかは別として、話を聞いておきたいはずです。

同じように亡くなる側も、何か伝えておきたいことがあるでしょう。

準備なく亡くなると、後悔することが増えます。そういう思いをしない、させないためにも、早めに家族で話し合うことが大切なのです。

ほしい」と考えるでしょう。

とはいえ、必ず裁判に発展するわけではありません。

**②子がみんな独身の場合**

もし、子がみんな独身で、結婚の予定がない場合は、考えることが増えます。

誰が相続人になるかという法律の規定はわからなくても、将来どこかで家系が途切れてしまうことは、想像がつくでしょう。だとすれば、子が亡くなった後に、相続された財産をどうするのかを考えなければならない可能性があります。

家族会議では、自身の死後はもちろん、子たちの将来設計（生活する場所や暮らし方など）まで意見を聞くなどして、検討す

## Q もしも、認知症と診断されたら？

ひとくちに「認知症」といっても、日常生活に支障のない軽度のものから重度のものまであります。しかし、認知症といわれてしまったら、遺言書の作成や贈与、その他契約などの法律行為はできなくなります。

仮に、その状態で法律行為を行った場合、あとでその行為が有効かどうかの争いが起こる可能性があります。

認知症と診断される前に相続対策をする方法としては、任意後見契約（148ページ）があります。すでに認知症と診断された場合は、家庭裁判所に申立てをして、後見人を選任してもらう法定後見制度を利用することになります。

る必要があるかもしれません。

## ③子がいない場合

もうひとつ、注意すべきケースを紹介します。

夫婦ふたりの家族の場合、どちらかが先に亡くなると、もう一方が相続財産を引き継ぐことは想像できると思います。

ただ、相続人となるのは配偶者だけでない可能性があります。また、配偶者が亡くなった後、相続された財産はどうなるでしょうか？　ひょっとすると、相続財産が思いもよらないところに渡ってしまう可能性があります。

いずれのケースも、家族で話し合っておく必要があります。

# 相続財産って
# そもそも何？

## 食器は〇、仏壇は×

相続財産に含まれるもの・含まれないものについて解説します。

財産といっても「せいぜい預貯金と家くらい」と思っていませんか？極端にいえば、おはし一膳、茶わんひとつから、土地や家屋まで自分が所有しているものすべてが相続の対象になります。

つまり、家の中にあるあれもこれも、相続財産なのです。もちろん、お金になる・価値があるという点で見れば、財産とは言えないかもしれませんが、相続の対象に入るか入らないかでいえば、入ります。

独居老人が亡くなったとき、家の中にある家具や食器類は、他人が勝手に処分できないという話を見聞きしたことはないでしょうか？

見た目は不要品でも、形式的にはその相続人に所有権が移っているため、所有者の承諾なしに勝手に処分ができないのです。

また、仏壇やお墓などの祭祀財産は、相続財産には含まれません。これらは一般の相続とは異なる方法で引き継がれます。

そのほか、相続財産に含まれないものは、「亡くなった人に一身に専属するもの」です。つまり、その人が持っている資格や免許などです。ほかにも、生活保護を受ける権利や、公営住宅に住む権利などがあります。

## 相続財産に含まれるもの・含まれないもの

〈含まれる〉

- 現金
- 預貯金
- 不動産
- 貴金属
- 家具や衣類
- 有価証券
- 車
- 絵画
- 食器

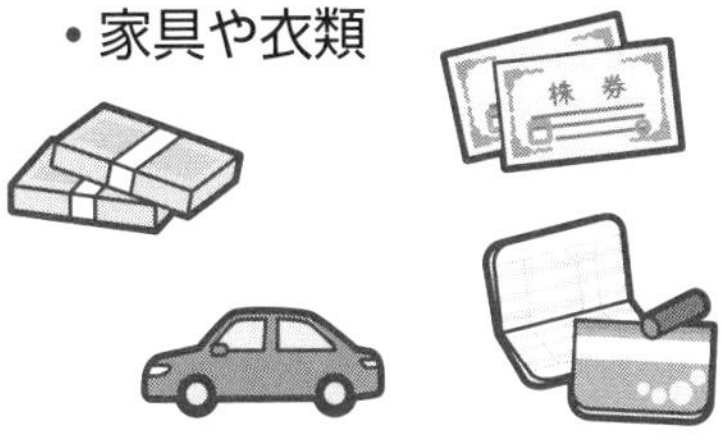


〈含まれない〉

- 仏壇
- お墓

（仏壇・お墓）→ 祭祀財産

- 資格・免許
- 生活保護受給権
- 生命保険金
- 香典

# 見落とすと厄介なことに！把握しておきたい相続財産

## 見落としがちな相続財産

ここでは、私の経験上、見落とされがちな相続財産の例を紹介します。会議の前に有無を確認しておきましょう。

### ①住宅ローンなどの「マイナス財産」

財産という響きから、お金やモノなどが強調されますが、「借金」も財産です（48ページ）。つまり、相続したら返済の義務が生じます。

### ②田畑や山林など

親が地方に在住、子が都市部に在住するケースで、のちのち判明する財産です。とくに親自身が相続して受け継いでいる場合に、忘れられがちです。親が住んでいる家は財産として認識できるでしょうが、さらに遠方にある親の実家の土地や田畑、山林などは知らないケースが多いでしょう。

さらに注意したいのは、（子からみて）祖父母名義のままになっている土地や建物がある場合、つまり相続の手続きが終わっていない財産が存在した場合に、相続財産に含まれるケースもあります。

### ③死蔵されている品々

人付き合いの多い家でよく見つかるのは、お中元やお歳暮、お祝いの品々として納戸や引き出しの奥に眠っている食器セットやタオルなどです。このあたりも相続財産に含まれますが、そもそも相続以前に処分や売却を検討したいところです。

## よく見落とされる相続財産

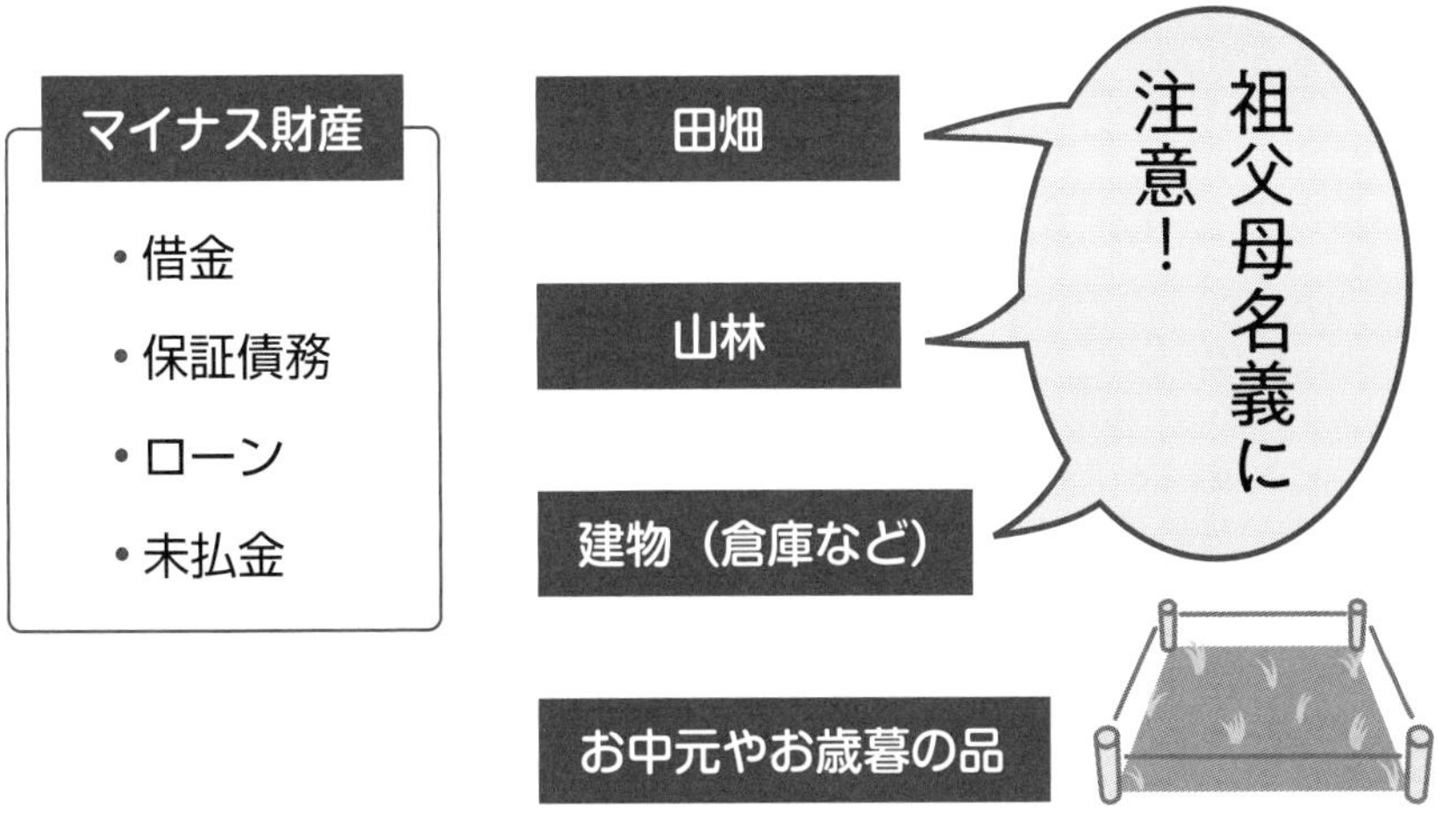

# 誰も不要!? 処分に困る財産

## 事前に譲渡や処分も検討を

相続に関わる相談ごとでは、「親には、生前に雑多なものを処分しておいてほしかった」という声をよく聞きます。

相続人からすると、なんでこんなものを大切に取ってあるかわからないということでしょう。「その価値は、自分にしかわからない」――そう思っているなら、処分も人まかせにしてはいけません。

とくに判断に困るのは「趣味のコレクション」です。美術品やアンティークといった市場価値のあるものが含まれるかもしれませんが、知らない人にとっては、ほとんど価値がわからずガラクタにしか見えないのです。

趣味の品は、価値のわかる人に引き取ってもらうか、趣味のモノを扱う店やネットオークションなどで売却しておきましょう。また、写真や記念品のような、本人にとって重要なモノも、死後に家族が困ることになります。

思い入れが強かったり、親から受け継いだりしたモノで、どうしても処分ができない場合は、家族会議で説明しましょう。どういうもので、どう処分するのか決めておくだけでも、家族の負担は軽くなります。さらに、処分費用も用意すれば安心です。

押し入れのなかにひっそりと眠る品々は、手間の面からも金銭面からも、早めに手を打つことをおすすめします。

# あなたの「財産」とは何？自分でしっかり把握しよう

## 財産調査は資料集めから

相続財産とは何かについて、ここまで説明してきました。では、何から手をつければよいかを具体的に考えていきましょう。

まず最初におすすめするのは、相続財産となる「モノ」、亡くなる前に伝えるべき「こと」を説明するための、資料集めです。

どこかにしまい込んで出てこないものもあるかもしれませんが、なるべく用意しましょう。現物が見つからなければ、頭に浮かんだときにメモ書きを用意するだけでもかまいません。コレクション類は、写真を撮っておくのもよいでしょう。

資料集めのチェック項目は、次のとおりです。

## チェック項目（資料の有無をチェックしましょう）

□（1）不動産関係　あり・なし
権利証（登記済証、登記識別情報）や固定資産税の通知書など。これらには物件の所在や地積、建物の家屋番号や床面積、評価額などが記載されています。

祖父母名義になったままの山林・田畑、遠方にある実家なども確認しましょう。非課税になっている土地などがある場合、固定資産税の通知書には記載されていないことがあるので注意が必要です。

□（2）預貯金など　あり・なし
通帳や証書、過去に口座を開設したけれど使っていない口座がないかも確認しましょう。

□（3）株式や債券など　あり・なし
証券会社などから定期的に送られてくる書類や、オンライン口座であれば手持ち資産の一覧表のようなものなどをプリントアウトしておきましょう。

□（4）自動車　あり・なし
年式が古くても、クラッシックカーに該当すれば価値がつくことも。

□（5）生命保険や損害保険など
生命保険の受取人や自動車保険、火災保険などの証書の有無・内容も確認しておくとよいでしょう。

□（6）他人への貸付金　あり・なし

□（7）ＦＸや仮想通貨といった投資案件の口座情報　あり・なし

□（8）各種電子マネーの情報　あり・なし

□（9）各種ポイントカードの類　あり・なし

□（10）ローンの明細　あり・なし
住宅ローンや自動車ローン、フリーローンなどの明細も用意しましょう。

□（11）クレジットカードの明細　あり・なし
作ったけれど使っていないカードがないかの確認が必要です。

□（12）加入しているサブスクリプションの資料　あり・なし
オンラインで加入していることが多いため、ＩＤ・パスワードのメモや画面の印刷を用意します。

定期的に購入している健康食品などがないかも確認しましょう。

□（13）使っている携帯電話会社の資料　あり・なし

□（14）美術品、工芸品、書画、骨董　あり・なし

□（15）ゴルフ会員権やリゾート会員権などの資料　あり・なし

□（16）貸金庫の情報　あり・なし

□（17）スポーツジム、エステ、スクールや教室などの各種会員証　あり・なし

□（18）葬儀会社の友の会や積立金　あり・なし

□（19）墓地の契約書や永代供養墓の契約書など　あり・なし

□（20）生前に作った戒名　あり・なし

□（21）会社経営や個人事業による事業関連の資産　あり・なし
ある場合は、決算書などを用意します。

□（22）コレクションのうち、処分に困りそうなもの
本、模型、ジオラマ、切手、海外で買ったお土産、人形、録画したビデオやＤＶＤ、メダル・賞状やトロフィー、着物、洋服、その他コレクションしているもの　など

集めた資料だけでは詳細が伝わらない場合は、後日、追加調査を検討するのがよいでしょう。

たとえば、先に触れたコレクションの類です。自分にとって「大切な財産」でも、家族からみて「値打ちのないもの」をどうするか、改めて考えることも大切です。

最初にきちんと資料を集めておけば、忘れていた記憶がよみがえったり、不要なものが発覚して処分できたりします。次のステップへの足がかりとして重要なので、じっくり取り組みましょう。

ただし、途中で挫折しないために、「すべてをそろえる」と力まないほうがよいでしょう。

## 財産の一覧を書き出す

ある程度の資料がそろったら、種類ごとにまとめ、一覧表にしましょう。

書き方やまとめ方に決まりはありません。後で見たとき、わかりやすい形にすることが望ましいでしょう。手書きでも問題ありませんが、パソコンで作ると楽です。

たとえば、預金であれば金融機関ごとに、支店名、口座の種別、口座番号を書き出します。現時点での残高やキャッシュカード、通帳の有無、定期預金の証書の有無なども書いておくと、よりわかりやすくなります。

不動産なら、権利証や**固定資産税の課税明細書**など見ながら、土地や建物を物件ごとに書き出しましょう。固定資産税の課税明細書のコピーでも代用できます。

そのほかの財産も、名称と内容が一覧できればＯＫです。

きちんとしたものを作ろうとするより、洗い出すことを優先して、かんたんな形でまとめることをおすすめします。ちなみに、専門家も相続の際に一覧表（**財産目録**といいます）を作成します。

## 固定資産税の課税明細書の例

令和○年度　課税明細書（土地・家屋）

| 土地／家屋 | 納通番号：777777 | | 所在地 | | | | 住宅用地区分／家屋番号 | 課税状況 | 3 － 4 頁 | |
|---|---|---|---|---|---|---|---|---|---|---|
| | 登記地目／構造<br>現況地目／階層<br>都市区分 | 建築年月 | 登記地積／登記床面積<br>現況地積／現況床面積<br>共用 | 小規模住宅地積／用途①<br>一般住宅地積／用途②<br>非住宅地積／用途③ | 固定資産税負担水準（%） | 都市計画税負担水準（%） | 固定・前年度課税標準額<br>都市・前年度課税標準額<br>今年度評価額 | 固定・今年度課税標準額<br>都市・今年度課税標準額<br>固定・軽減税額 | 固定・相当税額<br>都市・相当税額<br>都市・軽減税額 | 備考 |
| 土地 | ■■一丁目 1234-56 | | | | | | 住宅用地 | | | |
| | 宅地 | | 66 16 | 66.16 | 100 0 | 100 0 | 1 033 198 | 1 033 198 | 14 464 | |
| | 宅地 | | 66 16 | | | | 2 066 397 | 2 066 397 | 5 165 | |
| | 市街化区域 | | | | | | 6 199 192 | | | |
| 家屋 | ■■一丁目 1234-56 | | | | | | 1234-56 | | | |
| | 木造 | | 99 42 | 居宅 | | | | 6 039 599 | 84 554 | |
| | 地上3 | | 99 42 | | | | | 6 039 599 | 15 098 | |
| | 市街化区域 | 平成28 4 | | | | | 6 039 599 | | | |
| | 以下余白 | | | | | | | | | |

未登記家屋の場合はこの部分が空欄となる

固定資産税は、毎年1月1日現在、土地・家屋・償却資産（これらの総称が「固定資産」）を所有している人に、その固定資産の価格（適正な時価）に応じて課税されます。税額は、固定資産の課税標準額に税率1.4%を乗じて算出されます。

# 見落としがないか要チェック。財産を把握するためのヒント

## 可能な範囲で把握すればOK

自分の財産をすべて正確に把握するのは、とても難しいことだと思います。

司法書士の視点から、見落としがちなポイントと、その対策をいくつか紹介します。

**●ポイント①　非課税となっている土地の見落とし**

一定の価値を下回る土地や、共有で使っている道路やごみ置き場など、自分の所有あるいは他人と共有になっているものの、毎年4月に送られてくる固定資産税の納税通知書（以下、通知書）に記載のない非課税の土地がある場合があります（市区町村により載る場合もあります）。

この土地を知るためには、市区町村役場でいわゆる名寄せ（固定資産課税台帳に登録

された土地および家屋を納税義務者ごとにまとめたもの）を取り寄せることで、それらを把握することができます。

住んでいる場所以外の不動産については、その市区町村役場で発行してもらいましょう（市区町村によっては発行されない場合や、非課税地が掲載されていない場合があります）。

権利証の束がある場合は、それらをひも解いてみるのもよいでしょう。

●ポイント②　未登記家屋の見落とし

未登記家屋は、通常は通知書に記載されています。登記されている家屋には「家屋番号」が載っていますが、載っていなければ未登記家屋と考えてよいでしょう。

●ポイント③　先代、先々代の名義のままになっている不動産の見落とし

通知書が「被相続人○○（先代や先々代の氏名）」「相続人代表××」となっていないかを確認しましょう。

相続登記がされず、不動産の名義が先代、先々代のままになっている可能性があります。その場合は、先代の相続手続きを行わなければなりません。法務局で、登記事項証明書（いわゆる不動産登記簿）を取得して名義を確認してみましょう。

これも、自分の相続財産に含まれる場合がありますので注意が必要です。

●ポイント④　登記簿上の所有者の住所と現住所が異なる

## Q 普段使っていないクレジットカードはどうする？

近年、ポイントカードと一体になって発行されるクレジットカードがたくさんあります。

まずは、カードの有無を確認し、過去１年程度の通帳を見て、会費が引き落とされていないかをチェックしましょう。年会費無料の場合は、一定期間でカードの切り替えがあるはずなので、そのタイミングを待って確認するしかありません。

なお、普段の買いもの（通信販売も含む）や公共料金の引き落とし、借り入れ（キャッシング）をしていなければ、そのカードは財産とは言えません。そもそも、使っていないカードは解約しましょう。

不動産を取得したときの住所と現在の住所が異なる場合があります。住民票を移しても、連動して登記されている不動産名義人の住所は変わりません。

相続登記を行う際に、ひと手間かかる可能性があるので、気づいたら変更しておくことをおすすめします。なお、２０２６年4月1日から、不動産の名義人の住所変更登記も義務化されます。

●ポイント⑤　住宅ローンの完済後に残っている抵当権

住宅ローンを完済すると、金融機関から抵当権を抹消するための書類一式が送られてきたり、連絡がきたりします。

ところが、放置したまま数年間が経過し

ているケースがあります。念のため確認しておきましょう。

抵当権が残っているかどうかを知るには、所有している不動産の履歴事項証明書を取って確認するしかありません。

## マイナスの財産は必ず把握を！

さて、ここまで説明した財産は、おもにプラスの財産です。相続では、マイナスの財産も対象となります。

プラスの財産だけを相続することは認められません。つまり、マイナスの財産をきちんと把握しておかないとトラブルが起こります。

マイナスの財産は、大きくふたつに分かれます。

**①借金**

住宅ローンや、自動車ローン、フリーローンやサラ金からの借り入れ、クレジットカードの負債などがマイナスの財産に入ります。他人の連帯保証人になっているような場合は、必ず伝えましょう。そのうえで、借金については、返済のメドが立っているのか、負債が残るのかどうかを計算しておきましょう。

②維持管理、保有にお金がかかる不動産

解体に費用がかかる家屋、先代から相続した価値のない山林や狭小地、耕作していない田畑、無価値の土地が考えられます。

土地については、**相続土地国庫帰属制度**が活用できるかもしれません。

ただし、この制度を利用するには「建物がないこと」「廃棄物や井戸、建築資材などがないこと」「境界が明らかであること」「森林の場合、適切な造林、間伐または保育が実施されていること」などの条件があります。

また、審査費用や面積に応じた負担金が必要となります。

## 無価値の土地を売る原野商法に注意！

1970～1980年代に、値上がりが見込めない原野（雑木林や山など）を、「将来価値が上がる」などと勧誘して高値で売りつけるビジネスが横行しました。

近年、この原野商法が再燃しています。手口は巧妙化しており、「あなたの持っている原野を高額で買い取る。ついては、調査費や整地費用を支払ってほしい」と持ちかけて支払った費用を持ち逃げしたり、「別の原野に買い替えると節税になる」と持ちかけて、差額を払わせたりします。このような連絡があれば、すぐに詐欺を疑い、家族に相談しましょう。

# デジタル遺産は事前に必ず整理を

## 急に亡くなると処分は困難？

世の中に存在する「デジタル遺産」の定義はあいまいですが、本書では次のものをデジタル遺産として対策を紹介します。

**①パソコン、スマホにあるデータ類**

パソコンやスマホの画面を開いたり、アクセスしたりするときにパスワードや生体認証が設定されている場合があります。パスワードがわからなければ亡くなった後は開けませんし、生体認証ですと不可能です。

重要なデータがある場合は、相続人にわかるよう、ＵＳＢメモリーなどに入れて保管しておくことをおすすめします。

**②クラウドやウェブ上の各種利用契約**

クラウドサーバーや動画サイトなどの各種ネットサービス、アプリなど定期的に課金されるものは、契約を解除しない限り死後も課金されます。

契約の数や内容、解除の方法は必ず伝えましょう。使わないサービスがあれば、整理することを検討しましょう。

**③金銭的価値のある各種ポイントなど**

各種ポイント類は、それぞれの規約で相続人に引き継げるかどうかが決まっています。引き継げないケースが多いので、使い切ることをおすすめします。

ネット銀行（証券会社）の口座も、情報がわかるようにしておきましょう。

## 相続人がサブスクを解約するのはたいへん

「月額〇〇円で使い放題」というサブスクリプションのネット広告をよく見かけますね。一般的には店頭で解約するだけでいいのですが、ネット上のサービスのみだと物理的な窓口が見つからず、解約するのにもひと苦労します。

相続人が解約する場合、IDとパスワードがわかれば解約することもできるでしょうが、これらがわからないとなると、まず調べるところから始まります。解約手続きの窓口（ウェブサイト）に連絡が取れたとしても、連絡当事者が相続人である証明をしなければならない場合があったりして、ことはかんたんには進みません。

# 誰が相続人になるのか把握できていますか？

## 子の配偶者は相続人ではない

相続について考えはじめる次のステップは、「誰が相続人になるのか」を把握することです。財産を引き継ぐ可能性がある人を、もれなく会議に呼んで話し合う必要があるからです。法律では、次のように決まっています。

**①配偶者は必ず相続人**

ただし、亡くなっている場合は「配偶者なし」です。

**②第一順位は子（養子含む）、第二順位は父・母、第三順位は兄弟姉妹**

必ず相続人となる配偶者のほかに家族がいる場合、相続人になる人は優先順位がつけられています。子（場合によっては孫）がいれば相続人になります。

## 相続人のケース例①

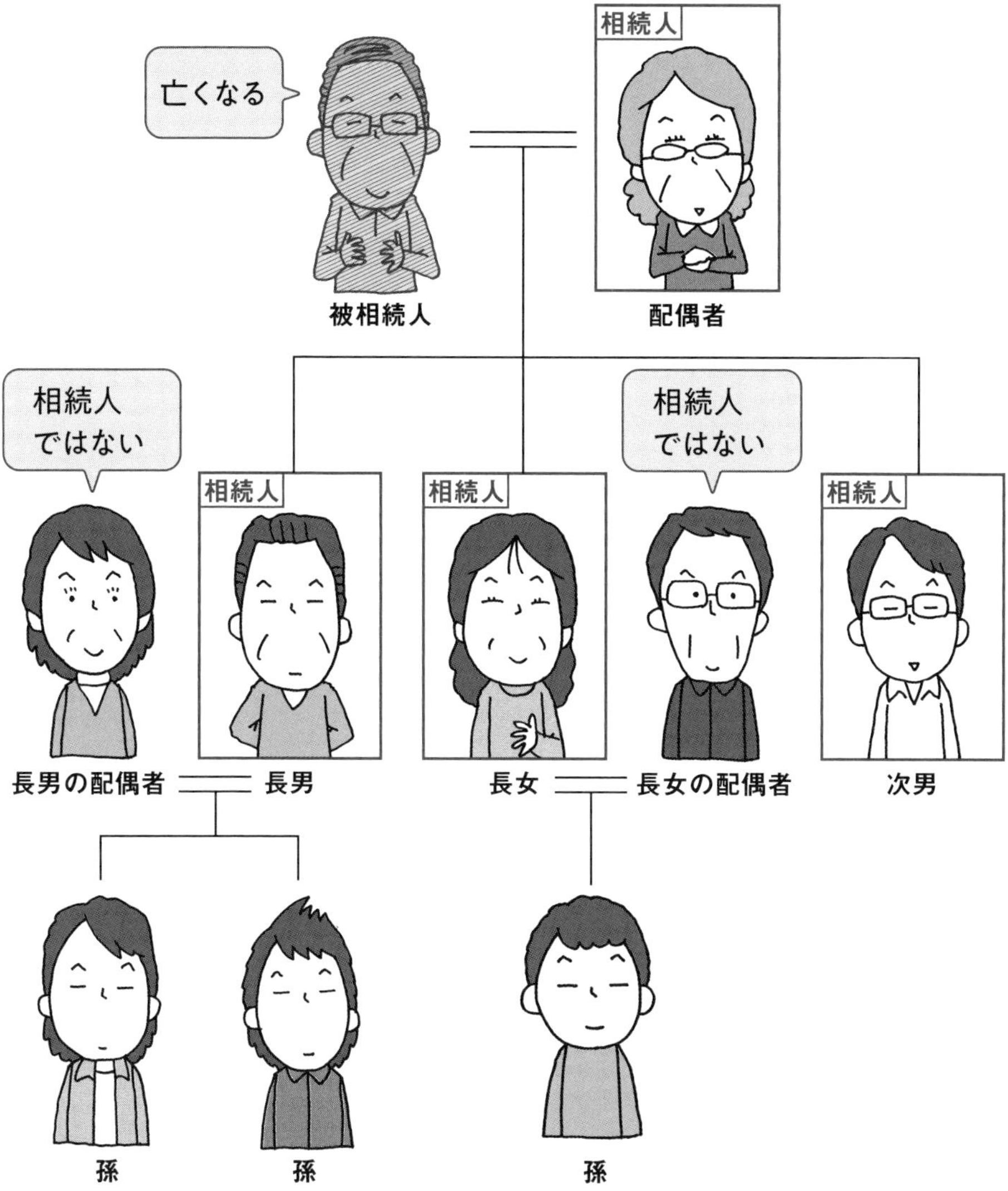

亡くなる
被相続人
相続人
配偶者
相続人
ではない
長男の配偶者
相続人
長男
相続人
長女
相続人
ではない
長女の配偶者
相続人
次男
孫
孫
孫

子がいなければ親が相続人になり、子も親もいなければ、兄弟姉妹（場合によっては甥や姪）が相続人になります。

相続開始時におなかにいる赤ちゃんも相続人になります。また、被相続人が養子で、子がいない場合は養親と実の親が相続人になります。

ちなみに、子の配偶者は相続人ではありません。

**③同時死亡の場合、亡くなった者はたがいに相続人にならない**

たとえば、両親と子ひとりの3人家族で、事故や災害で両親が同時に亡くなり、子が助かった場合、父の相続人は子、母の相続人も同じく子です。死亡した夫婦間で相続は発生しません。

この相続人に該当する人が、家族会議に参加してもらうべき人と言えます。

## 複雑な家族関係にある相続人に要注意

やや複雑な家族関係にある場合、意外なところに相続人がいる可能性があります。家族会議を行う際、声をかける相手になりえるでしょう。

**①再婚や再々婚している場合**

現在の配偶者が相続人で、離婚した過去の配偶者は相続人にはなりません。

ただし、過去の配偶者との間に子がいれば、親権の有無など関係なく、すべて相続人になります。

**②所在不明の子がいる場合**

音信を絶っていて今はどこにいるかわからない、生きているかもわからない子も、生きていれば相続人なので、探さなければなりません。

**③子が先に亡くなっている場合**

亡くなった子は相続できませんが、その子、つまり孫がいる場合は、子の立場をつぐ相続人（代襲相続人）となります。

## 相続人のケース例②

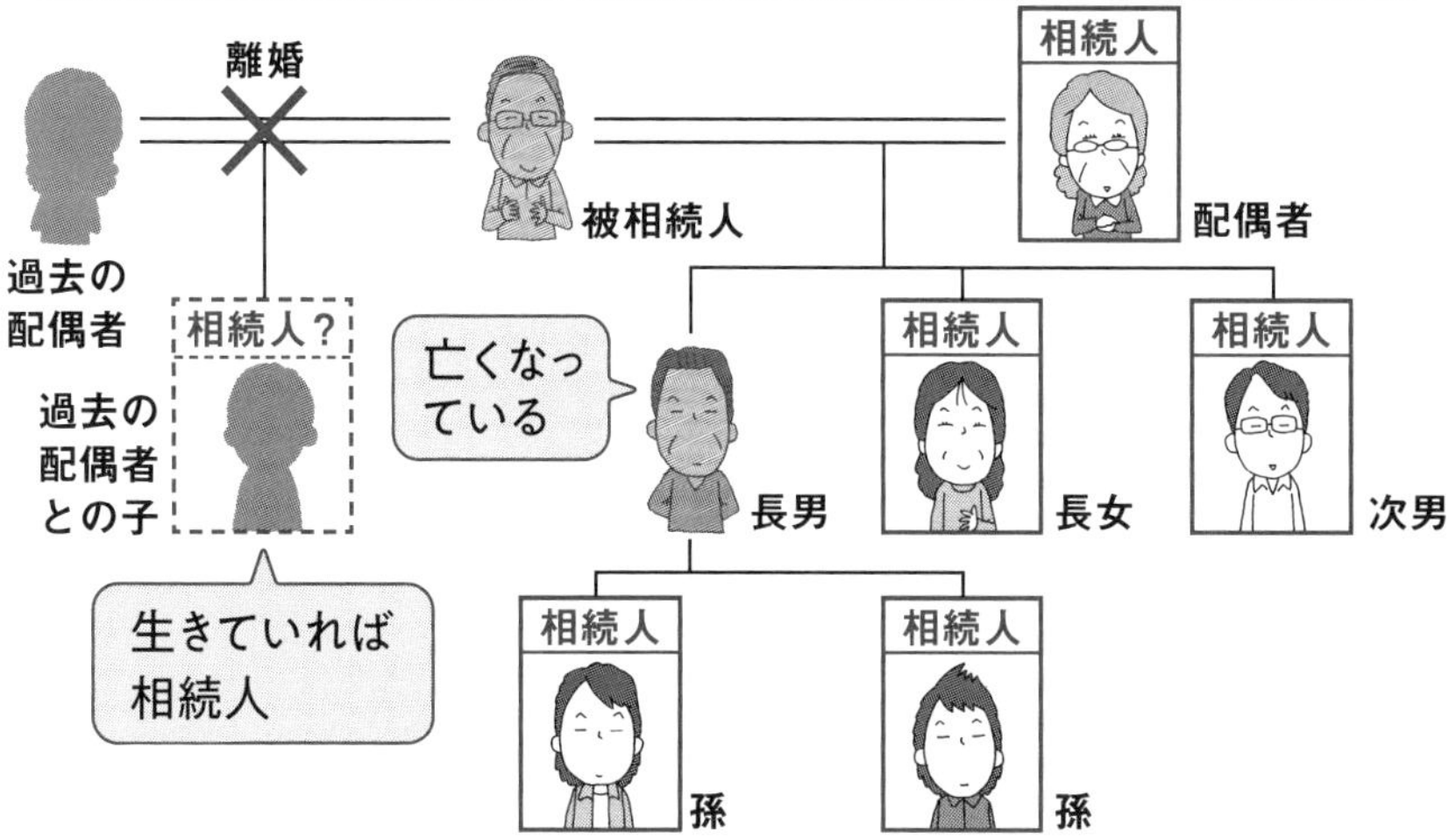

# どの相続人に何を相続させるか

## 分配方法は慎重に検討を

相続人が誰かがわかれば、次は誰に何を相続させるかを考えます。

日々の相談でよく登場するセリフを紹介します。ずばり、「長男や長女がすべて相続するのは当然では？」という言葉です。

この発言は、たいてい子どもの側から出てきます。実際に相談を受けるのは親が亡くなってからのほうが多く、遺産分割の話し合いの不満がこの言葉につながります。

戦後まもなくのころまで、日本には家督相続という制度がありました。戸主（＝家長）が「家」の財産を相続するルールだったのです。

令和の時代になっても、この意識は親にも子にも根強く残っているようです。現在、この制度が存在しないことは、覚えておきましょう。

相続が始まる前の親からの相談で多いのは、「同居で面倒をみてくれている子どもに多く残してやりたい」です。

実際の貢献度や感情面からみて配慮したいのはわかりますが、法律ではそもそも血のつながっている家族と同居している人はたがいに助け合う義務があるとされ、その点は考慮されていません。

この場合、遺言書や贈与など組み合わせて対応することになります。

ちなみに、法律上は寄与分という制度がいちおうあるのですが、認められる場合は限定的です。

## Q 長男の嫁による介護は特別な寄与？

同居して介護し、最後をみとった相続人が「寄与分」を主張することがあります。また、長男の嫁が義理の親の介護をしていたような場合に、「特別な寄与」を主張することがあります。

これらは、療養看護などの労力を提供した対価として金銭を請求するものですが、認められるためには、いずれの場合も「被相続人の財産の維持または増加について特別の寄与」をした場合に限られ、一般的な生活支援や通院の付き添い程度では認められないと考えられます。たとえば、長男の嫁が義理の親の介護をしていた場合も、「特別な寄与」に該当するには、一定の用件を満たさなければなりません。

# 相続について助言をもらうなら専門家に

## 自分には難しいと感じたら助言をもらうのがベター

この本は、家族で話し合うことを目的としていますが、ここまで説明してきたように、財産の把握が難しい、家族関係が複雑すぎるなどの理由で、会議が始められない状態になることも考えられます。

そういった場合は、「専門家に相談しましょう」とおすすめしていますが、知り合いに専門家はいないし、接点すらないという人も多いはず。ここでは、相談できる相手の探し方を紹介します。

まず、親類や友人で相続を経験した人がいれば、聞いてみましょう。相性にもよりますが、親しい人が相続手続きをお願いした専門家を紹介してもらうのは有効です。

次に考えられるのはテレビ、ラジオ、ネットの広告やネット検索でしょうか。

住んでいる地域や相談内容などから、検索した専門家に少し話を聞いてみるのもよいですね。

ただし、その際はすぐに飛びつかず、内容や費用といった部分をきちんと確認しましょう。

失敗がないようにしたいという場合は、市区町村の役所を訪ねてみるのもひとつの手段です。相続の無料相談会を定期的に開催している自治体もありますので、機会をみて専門家と接点をもつことができます。

もし、自治体が地元の専門家の名簿を備えていれば、さらに探しやすいでしょう。

## 各士業団体に問い合わせてみる

司法書士、行政書士のほか、弁護士や税理士など、国家資格の「士業」は、各都道府県に必ずひとつは団体（会）があります。私は、愛知県司法書士会、愛知県行政書士会に所属しています。これらの団体（会）は、相談会（有料・無料）を定期的に開催しており、近場の専門家を紹介してくれるところもあります。

また最近は、各団体（会）ごとにホームページがつくられており、専門家を紹介してくれる窓口が設けられているところもあります。

# そもそも相続の専門家とはどういう人なのか？

## 専門家の種類と頼むタイミング

ここまで「専門家」とひとくくりに説明してきましたが、細かく見ていくと専門分野や法律の規定によって、相談・依頼できる内容は異なります。

専門家の種類と、それぞれに相談できる内容を知り、不安や疑問に対して的確なアドバイスをもらえるのが誰なのかをはっきりさせておきましょう。

まず、相続関連の相談ができる専門家は、以下の2種類です。

**①「弁護士」「司法書士」「行政書士」「税理士」などの国家資格者**

**②「相続診断士」「ファイナンシャルプランナー（ＦＰ）」などの民間資格者**

資格そのものの具体的な内容は、62ページでくわしく説明します。相談内容が専門外

だったとしても、「横のつながり」で別の適切な専門家を紹介してくれます。

次に重要なのが、相談するタイミングです。これは見解が分かれます。私は、問題が発生しているときよりも、相続への興味や関心をもったときがよいと考えます。

自分または配偶者の健康に不安を感じたとき、友人・知人との会話で終活や相続の話題が出はじめたときなどです。

子（つまり相続人となる人）の立場ですと親が体調を崩したり、親の生活が心配になったときなどが考えられます。わからないことは、先のばしにしても時間が足りなくなるだけです。思い立ったときに相談に訪れてはいかがでしょうか。

# どの専門家に何を頼めるのか把握しよう

## 準備段階の相談はどの専門家でもOK

それぞれの専門家の得意・専門分野と、どのような相談や手続きが頼めるのかを、まとめました。左ページの表と合わせてごらんください。

将来の相続に備えて何から手をつければよいかなど、準備段階であればどの専門家に相談してもよいと思います。

以下は、それぞれの強みです。

●**弁護士**：法律事務は全方面が可能で、紛争解決のプロ。個人的には、相続人間に争いがある場合に相談するのが一般的と感じています。なお、専門分野に特化した弁護士事務所もありますので、相続を取り扱っているか確認してから相談しましょう。

●**司法書士**：相続登記の専門家。相続財産に不動産が含まれる場合は、最初に相談するとよいでしょう。なお、司法書士は通常、相続業務を取り扱います。

●**行政書士**：相続に関する書面作成支援がおもな業務です。弁護士と同様に専門分野に特化した事務所もあるため、相続を取り扱っているか事前に確認しましょう。

●**税理士**：税の専門家。相続税の申告をはじめ、税金がからむ相談はここになります。

●**相続診断士、ファイナンシャルプランナー**：法的な手続きはできませんが、相続相談にはのってもらえます。

## 相続に関する相談先

| | 相談全般 | 遺言書作成支援 | 遺産分割協議書の作成 | 相続登記 | 相続税の申告 | 相続争いの解決 |
|---|---|---|---|---|---|---|
| 弁護士 | ○ | ○ | ○ | △ | △ | ○ |
| 司法書士 | ○ | ○ | □ | ○ | × | ▲ |
| 行政書士 | ○ | ○ | ○ | × | × | × |
| 税理士 | ○ | × | □ | × | ○ | × |
| 相続診断士 | ○ | × | × | × | × | × |
| ファイナンシャルプランナー | ○ | × | × | × | × | × |

□＝登記に必要な場合、相続税の申告に必要な場合は可能。
△＝業務として行うことはできるが、実務をやっているかは要確認。
▲＝家庭裁判所へ提出する書面作成は行えるが、代理人にはなれない。

# 専門家に依頼したら報酬っていくらかかる？

## 相場はあるが、事情により異なる

相談するみなさんがもっとも気になり、専門家がもっとも回答しにくいのが、費用（報酬）です。

相続手続きは定型的な処理で終わるとは限りませんので、一律いくらと回答するのは、正直なところ困難です。どういう状況で、何を依頼するのか、財産の内容などの要素がからむため、きちんと聞き取りをしないと、金額は提示できません。当然、依頼する専門家（事務所）によっても異なり、地域差もあります。

相場観が知りたい場合は、専門家（事務所）の、ホームページをチェックしましょう。たいていは報酬の一例が出ているので、ざっと比較はできます。

電話での問い合わせは、あまりおすすめしません。いくら明朗会計をうたっていても、電話だけでいくらと答えてくれる専門家は多くないでしょう。

相談費用の目安は、相談時間が30～60分で5000円～1万円くらいが多いと思います。初回相談は無料という専門家（事務所）もあります。

まずは訪問してみて、財産や依頼する内容を専門家にわかってもらい、そこでおおよその金額を聞くのがベターです。時間があるなら、複数の事務所を訪ねて比較してみるのもよいでしょう。

## 司法書士への依頼と内訳の一例

| | | |
|---|---|---|
| 2回目以降は必要に応じ何度でも。 | ①相談、打ち合わせ | |
| 戸籍収集は1週間～1カ月程度<br>相続人が多数、複雑な場合は、数カ月から半年かかることも。 | ②戸籍類、固定資産評価証明書、不動産履歴事項全部証明書など資料の収集 | 費用削減のため、依頼者が資料収集を行う場合もあり |
| | ③相続人調査、相続関係図の作成 | 相続財産調査を行う場合もあり（オプション）。 |
| 必要に応じ何度でも。 | ④協議内容を聴き取り、遺産分割協議書案を作成 | 内容を確認してもらい、再度修正なども |
| 登記は1週間～<br>複数の法務局の管轄がある場合は、さらに時間がかかる。<br>農地法の届出などで＋数週間 | ⑤相続登記の申請 | ＋⑤未登記家屋は所有者の変更届<br>農地や山林は、農地法、森林法の届出などを行う場合もあり（オプション）。 |
| | ⑥できあがった書類などをきれいにまとめて納品 | |

上記は著者（司法書士・行政書士）が相続登記を受けた場合の一例です。不動産が多かったり、種類が複雑な場合には金額が上乗せになりますが、ベースは10万円～15万円（登録免許税費など実費と消費税は別）くらいです。

# 初めての相談で頼むならこんな人に

## 専門家も人間なので相性は重要

せっかく専門家に依頼したのに「安かろう、悪かろう」では、困ります。では、どんなタイプの専門家に頼むのがよいか、その基準を紹介します。かかりつけ医を選ぶのと似ているかもしれません。

私なりのチェックポイントをいくつか挙げてみます。

**・相談に行った際の第一印象、話をしたときに感じた人柄は？**

相続発生前からの相談の場合は、いろいろな手続きを頼むことになります。長いお付き合いになるので、誠実で丁寧な印象が得られるかどうかが、何より重要です。

**・話をきちんと聞いてくれるか？　話しやすい雰囲気か？**

相談する側が状況をうまく説明できない、問題点がどこに隠れているかわからないのは当然です。最後まで話を聞いてくれるか、断定的な言い方をしないかなどの態度も重要です。

**・わからないことに対して、納得できる回答をしてくれるか？**

これはわかりやすい差が出ます。知識や経験の豊富な専門家であれば、かみくだいた説明はもちろん、答えがいくつも出てきたり、別の視点からの回答が出てきたりするでしょう。「こんなケースはこうなります」といった具体的な話があれば、納得できます。

より細かなポイントを下にまとめました。

## 「信頼できる専門家」のチェックポイント

- □ 話のリズムやテンポが合いそうか
- □ 「いい」「悪い」「できる」「できない」が明確か
- □ 感情面も理解しようとしてくれるか
- □ 費用についてきちんと説明があるか
- □ 専門家の利益だけを考えて話をしていないか

# こんな対応は専門家に嫌われる

## 「おたがいさま」の考えを忘れずに

みなさんが専門家を選ぶのと同時に、専門家もあなたの様子をじっくり観察しています。相談の際にやってはいけないことを説明しておきます。

**・本題になかなか入らない**

相談時間は有効に使いましょう。家族関係など、昔話のなかに重要な事実が含まれることもありますが、今さらどうにもならないことを延々と語るのはNGです。

**・一方的な主張をして、専門家の意見を聞き入れない**

ルール、つまり法律を無視して自分の考えに共鳴・同意してくれる専門家を探している人がたまにいます。気持ちをふまえて、現実的な解決策を探りましょう。

・**専門家からの質問に回答しない、重要な事実を告げない**

家族関係や借金など、答えにくいことも当然あります。で、あれば「答えにくいですが、こうなんです」と伝えましょう。**守秘義務**がありますから、外に漏らすことはありません。

また、自分に都合の悪いことを話さない場合、のちのちトラブルが起こります。

・**いきなり報酬を値切る**

人生相談ではなくプロとして仕事をうけおうので、労力に対する対価を最初から値切られると困ります。気になる場合は、「予算はいくらです」と先に伝えるほうが話は早いです。

# 誰に何を残したいか、その理由を説明できる？

## 全体の方針を決める

自分の財産状況がだいたい把握できたところで、次に考えるべきは、それらを自分の代で整理・処分するのか、財産を引き継がせるのかということです。

先祖代々引き継いでいる土地や高価な美術品などは、家族の誰かに引き継いで守っていってもらいたいと考えやすいでしょう。

一方、自分の代で作った財産は整理・処分するのか、引き継がせるのかは自分自身で判断しなければなりません。

たとえば家屋の場合、家族の誰かに引き継いでもらうのが順当な考えでしょう。その理由は「家族の住むところを確保する」ということになります。

しかし、築年数や維持費、リフォームの要否まで考えはじめると、本当に引き継ぐのが最適なのかの判断は難しく、処分して別のところに住むべきかなどまで検討しなければなりません。

さらに、引き継ぐのであれば誰に託すのが最善かも考えどころになります。

配偶者？　子ども？　同居の状況、他に残す財産などの要素を考え出すと、最適な回答は個々の状況で異なってきます。

ただ漠然と、「結局、誰かが引き継ぐからいいや」という考え方もあるでしょう。しかし、それでは残された側が困ります。

だからこそ、誰に何を引き継がせたいかの理由まで考える必要があるのです。

## 誰に何を託すのか

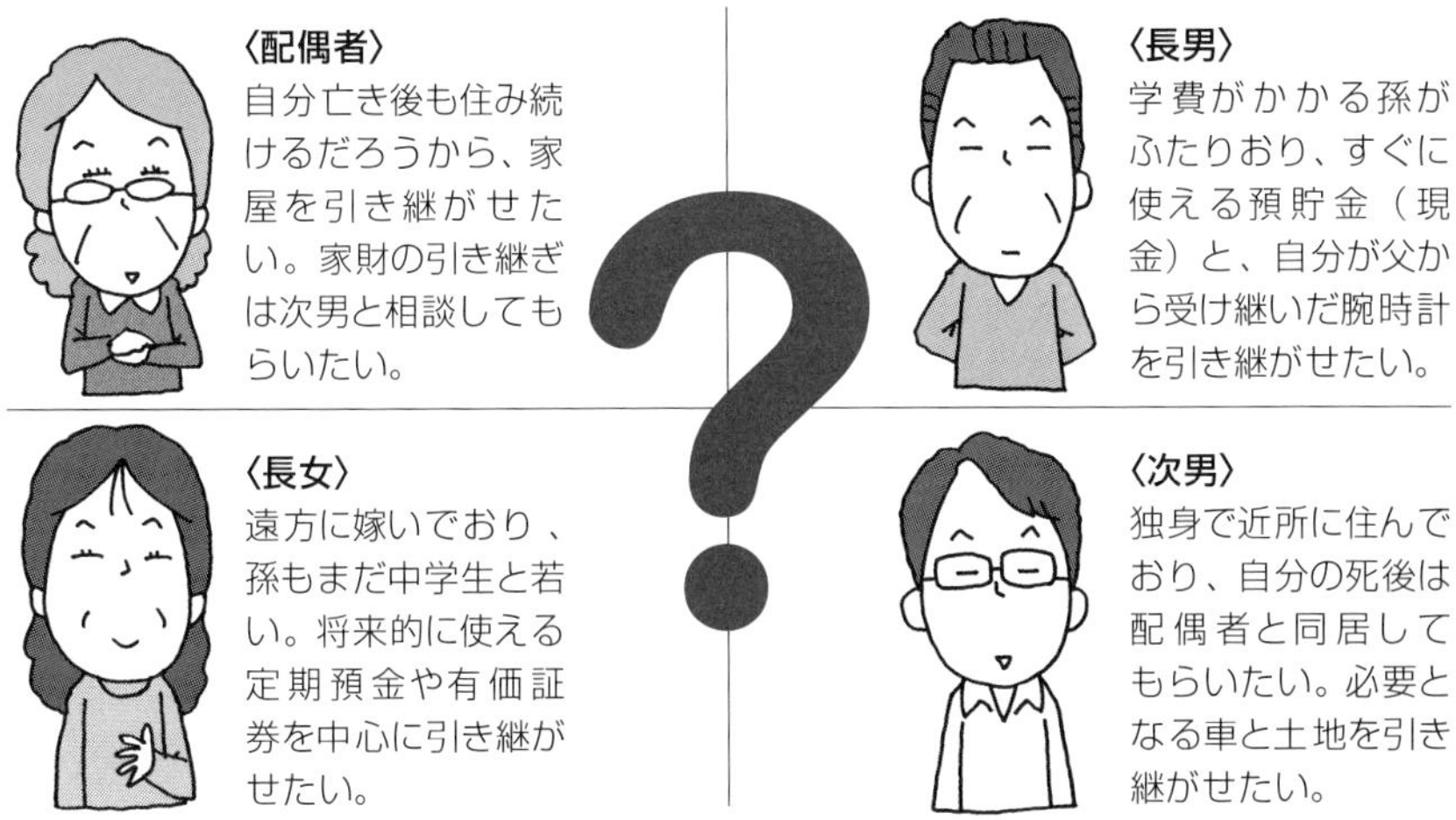
〈配偶者〉

自分亡き後も住み続けるだろうから、家屋を引き継がせたい。家財の引き継ぎは次男と相談してもらいたい。

〈長男〉

学費がかかる孫がふたりおり、すぐに使える預貯金（現金）と、自分が父から受け継いだ腕時計を引き継がせたい。

〈長女〉

遠方に嫁いでおり、孫もまだ中学生と若い。将来的に使える定期預金や有価証券を中心に引き継がせたい。

〈次男〉

独身で近所に住んでおり、自分の死後は配偶者と同居してもらいたい。必要となる車と土地を引き継がせたい。

# 確実に引き継がせたいなら生前に手続きをする

## 生きているうちに引き継ぐなら贈与で

あなたは、将来の相続人や孫、あるいは知人など、「この財産はこの人に引き継がせたい」という具体的な希望はあるでしょうか？

たとえば、同居している子どもには住んでいる家屋と土地を引き継いでもらいたいとか、事業をしている場合に事業用財産を跡継ぎに任せるような場合です。自分亡き後の家族の生活や立場をふまえて方針が決定しているなら、先に手続きをすることも考えられます。

趣味のモノやコレクションの類は、家族ではなく価値のわかる人に引き継いでもらいたいということもあるでしょう。

　こういった場合の選択肢として、遺言書を準備して自分が亡くなったら特定の相手（相続人でも第三者でも可）に、その財産が行くように指定することができます。

　また、私が経験したケースでは、生きているうちに自分の手で確実に引き継ぎたいと考える人もいました。そのような場合は、贈与で引き継ぐことができます。

　相手との間でこのモノを譲る（贈与する）という合意を交わすことで成立します。

　不動産であれば、きちんと登記を行って名義を変えること、動産であればきちんと引き渡すことが重要です。

　このとき、贈与税が発生する可能性を少し頭に入れておく必要があります。

# 自分の介護については家族会議の重要なテーマ

## 介護の話題は避けて通れない

家族会議では、介護の話をする必要があるでしょう。『高齢社会白書（2023年版）』によると、75歳以上の約23％が、要介護認定を受けているからです。

まずは、自身に介護が必要になったときに住む場所（不動産）の希望や、生活費（預貯金）の見通しを考え、整理しておかなければなりません。

死後のことを考えられても、自分が介護される姿を想像できる人はあまり多くないでしょう。しかし、考えておかなければならない大きな問題なのです。

**①死ぬまで自宅で過ごしたいなら**

相続に関する業務に携わった経験から、最後まで自宅で過ごしたいと考える人がもっとも多い印象です。

ただ、最後まで自宅で生活するためには、室内の段差を減らす、手すりをつける、トイレを改造するなどの工事のほか、1階ですべてが完結するような生活環境を整えるなど、リフォームの必要があるかもしれません。どこまで費用をかけられるのか、手元の資金と先々の生活費とのバランスを見ながら検討します。

また、そもそも家族で介護ができるかの検討も必要です。要介護度が上がれば介護サービスに支払う金額が増えます。

たとえば、介護保険で自己負担1割として、限度額までサービスを利用すると、要支援1の場合は自己負担が5000円程度、要介護5の場合は3万6000円程度となります。限度額を超えた分は全額自己負担となります。

なお、65歳以上で年金とその他の所得が一定の金額を超えると、自己負担割合が2～3割と増加します。

**②施設に入居するなら**

「**老老介護**」や、近くに頼れる人がいない環境の場合は、施設を利用することも考える必要があります。

ご自身あるいは家族の運動機能の状態、要介護の段階、認知機能の状態などによって入所できる施設や受けられるサービスは異なり、費用もさまざまです。

現実的な問題としては、サービス面、費用面で人気となる施設だと、入居を希望してもすぐに入れないことがあります。

家族会議で話し合うのは、入居した場合のトータルコスト、受けられるサービスの内容、本人の希望にかなうかどうかなどです。

とくに費用は、手持ちの預貯金＋年金などでまかなえるのか、自宅を処分する必要があるかなど、シミュレーションが必要です。自宅の処分となれば、話が大きくなり

## 介護施設・サービスにかかる費用①

出典：厚生労働省ホームページ「介護保険の解説　サービスにかかる利用料」

| 要介護5の人が「多床室」を利用した場合 | |
|---|---|
| 施設サービス費の1割 | 約2万5200円（847単位※×30日＝2万5410） |
| 居住費 | 約2万5650円（855円／日） |
| 食費 | 約4万3350円（1445円／日） |
| 日常生活費 | 約1万円（施設により設定される） |
| 合計 | 約10万4200円 |

※「単位」とは地域差、人件費率などによって定められた点数。基本は1単位10円だが、東京23区など都市部では金額が加算される。

ますから、家族の意見を聞いてみる必要があるでしょう。判断に迷う場合には、専門家に相談してみるのも手です。

**③結局、誰が面倒をみるのか**

本人の希望をふまえてどこで最期を迎えるかを検討し、各種介護サービスを最大限利用するとしても、最終的には家族が面倒をみなければなりません。

日常の世話を誰が行うのか、費用が不足したときに負担できるのかなど、できれば、具体的な金額をもとに家族で話し合いましょう。

家族にとっては、金銭負担と同じくらい重要な議題となります。

## 介護施設・サービスにかかる費用②

出典：厚生労働省ホームページ「介護保険の解説　サービスにかかる利用料」

| 要介護5の人が「ユニット型個室」を利用した場合 | |
|---|---|
| 施設サービス費の1割 | 約2万7900円（929単位×30日＝2万7870） |
| 居住費 | 約6万180円（2006円／日） |
| 食費 | 約4万3350円（1445円／日） |
| 日常生活費 | 約1万円（施設により設定される） |
| 合計 | 約14万1430円 |

# 自分の葬儀について現実的に考えてみる

## 自分で葬儀の段取りを組むことも可能

亡くなったときにお世話になる葬儀社ですが、くわしいことはわからないという人が多いと思います。最近はネットやテレビでＣＭがたくさん流れますし、葬儀を特集した雑誌も見かけます。それだけ世の中の関心が高まっているのでしょう。

葬儀費用が思ったより高くついたとか、突然のことで葬儀社を比較・選択する余裕がなかったという声もよく聞かれます。

各地の葬儀場では、生前見学会のようなイベントを開催していますので、これらを活用しましょう。比較するポイントは、①基本料金に含まれる内容、②オプションの内容と価格、③自分の希望にかなう葬儀（予算や内容）ができるか、④施設や担当者の雰囲

気などです。

死亡直後で家族の判断もままならず、葬儀社に言われるまま行った結果、費用が高額になることも。準備をしておけば、不要な出費を減らすことができます。

私が経験したケースでは、余命宣告を受けたのち、「思いどおりの葬儀にしたい」と、ご自身で葬儀社を決めて打ち合わせを重ねた方がいました。

死亡時の搬送方法、祭壇のグレードや香典返し、葬儀中にかける曲や演出などすべて決め、葬儀を迎えました。搬送から初七日まですべて滞りなく行われたうえ、希望どおりの内容で、予算も想定のとおりでした。やろうと思えばできるのです。

# 現代のテーマは、「そもそもお墓、いりますか？」

## 管理するのは残された家族であることを考慮

各方面からお叱りの言葉が飛んできそうなタイトルで、すみません。

最近、「墓じまい」という言葉を耳にするようになりました。これは、一般的には墓石のあるお墓をやめ、納骨堂などにお骨を移して供養は続けるというものです。

少子化の影響から、子や孫の世代になると、お墓を維持・管理していくことが困難になると予想されています。

たとえば、ひとりっ子同士の結婚では、たがいの実家のお墓をその夫婦で維持・管理していかなければならなくなります。さらに孫がひとりっ子になると……。

住まいから遠い場所にお墓があり、日常の管理もままならない家は増えています。こうした事態を避けるため、やむを得ず自分の世代でお墓を整理したいと考える人も増えているようです。

触れにくいテーマですが、管理していくのは子どもですから、家族で話し合っておくべき内容です。

自分のお墓をすでに確保している人や、先祖代々の立派なお墓がある家庭では、墓じまいを念頭に置くべきでないかもしれません。ただ、先々のことを見すえ、お墓のことを少し考えてよい時代になってきたと思います。

もちろん、先祖を大切にしたい気持ちが家族で共有できているなら、安心して任せてよいでしょう。

## お墓の維持・管理にかかる費用の例

| 費用の名目 | 目安となる金額 |
|---|---|
| 維持管理費 | 年間に約2000円～約3万円 |
| 墓石の維持費（修繕） | ひび割れや石のずれなど約3万円 |
| 墓地の雑草対策 | 砂利を敷く：数千円、除草剤：数百円 |
| 墓参り | 交通費と供花の実費 |

# 納骨方法は？維持・管理について考える

## 多様なお墓をどう選ぶ？

墓石のあるお墓に納骨する以外の方法は、何があるでしょうか。

比較的認知されてきた「樹木葬」、「永代供養墓（納骨堂）」のほか、条件は限られるものの「散骨」、また最近では「送骨」という方法も出現しています。

お墓を建てて（購入して）も、墓守ができなくなったら、合祀墓での永代供養に移行することを選択できる墓園、墓標などが一切なく、供養も望まず自然に返りたいという人のための墓園もあります。

遺骨を自宅で保管し、手元で供養するという方法もありますし、別のものに加工して手元に置いておく方法もあるようです。

ただ、いずれを選択する場合であっても、最終的には家族あるいはお寺など誰かが管理する必要があります。

供養をされたい、供養をしたいという家族の考え方もあるでしょう。場合によっては親類との関係で、本人の希望が制約される可能性もあります。

家族会議では、まず親の側から、自身の想いに基づいて、亡き後どうしてほしいかという要望をしっかり伝えることが大切です。子どもの側も、親の要望を受け入れるのか受け入れないのか、金銭面や管理がどの程度の負担なのかなどを十分に話し合い、おたがいが納得できるような結論を導き出しましょう。

# 法律を知ることで現実が見えてくる

## 相続に関するルールは変化していく

家族会議の前に考えておくことの最後に、「法律を知ること」について少し触れたいと思います。これは、法律の勉強をしてくださいという意味ではなく、現実を意識するということです。

相続のしくみは法律で決められており、たびたび改正されます。必ずしも自分の思い描くように進められるわけではないことを理解しましょう。

たとえば「遺留分の請求」です。遺言書に「長男に全財産を与える」とあっても、取り分がない二男が長男に「遺留分」を請求することは可能です。法律が優先されるので、結果的に遺言書がもとで兄弟ゲンカが勃発することがあります。

遺留分というルールを知っていれば、気持ちとは別にもめごとを防ぐ配慮ができたかもしれません。このように、法律＝現実を意識しておく必要があるわけです。

法律改正も注目する必要があります。

相続登記は、2024年4月1日から義務になります。過去に行っていなかった相続登記も対象となります。

贈与に関する税制改正もあります。相続税と贈与税の一体化措置として、2024年1月1日から**暦年課税**の基礎控除と**相続時精算課税制度**が見直されました。

自分の財産を把握していくなかで、このあたりが関係してくると思ったら、専門家に相談することをおすすめします。

## 暦年課税と相続時精算課税の比較

| | 暦年課税 | 相続時精算課税 |
|---|---|---|
| 税率 | 10〜55% | 一律20% |
| 非課税枠 | 年間110万円まで | 累計2500万円まで |
| 適用条件 | なし | 贈与年の1月1日時点で60歳以上の親または祖父母から18歳以上の子、または孫への贈与 |
| 相続税との関係 | 無関係。ただし、相続開始前7年（※）以内の贈与は、贈与時の時価で相続税に加算される | 相続税の計算時に贈与税を精算。精算時の贈与財産は、贈与時の時価で評価される |
| 制度の選択 | 相続時精算課税への変更は、いつでも可能 | 選択すると変更不可 |

※2024年1月1日より4年。以後は1年ずつ延長され、2028年1月1日より7年となる。

# 専門家のセカンドオピニオン

医療の場面で、別のお医者さんに症状の見立てをしてもらう、いわゆるセカンドオピニオンがあります。

専門家に相談、依頼した場合でもその内容が正しいのか、ほかのアイデアはないかと疑問に思う場合もあるでしょう。とくに複雑な状況ならば、なおさらです。相続でもセカンドオピニオンはアリだと思います。

私の経験でも、依頼前に何カ所か相談をされてから来られた人がいます。別の専門家に依頼中にもかかわらず、その仕事ぶりに疑問を感じ、相談に来られた人もいます。

ただし、**自分の希望に合った、またはより条件がよくなる意見を求めてさまよう「ドクターショッピング」にならないように気をつけましょう。**

そのためには、何を誰がやるか、基準を決めることです。これについては、120ページで説明します。

パート3

# いざ！家族会議の始め方・進め方

# 家族会議の始まりは親から切り出す

## 親が気になるころには子は心配している

親（高齢の家族）に対して、子から「そろそろ相続について話をしよう」と声をかけるケースは少ないと思います。理由は①「相続＝死」を連想させるため気が引ける、②親本人も家族もまだ若いつもりで自覚や危機感がないためです。

元気だった知人が急に体調を崩した、身近なところで相続トラブルの話を聞いた、テレビやネット、雑誌の相続特集に目がいくようになったなど、何かしら気になってきたら、今すぐ準備を始めましょう。

話を切り出すのは、親自身です。唐突に「相続が……」と話しはじめると、変に心配されますので、誕生日や結婚記念日、正月やお盆、お彼岸など家族が顔を合わせる機会

をおすすめします。「相続のことを話し合っておきたい」の一言でかまいませんので、集まる目的を伝えたうえで、家族にも心の準備をしてもらいましょう。

一般的には、相続について親が気にしはじめたころには、子はかなり心配していると思います。

あらたまった場所で開催する必要はなく、外で食事を交えて行うのもよいですが、内容が外に聞こえないよう個室を取るなどの配慮が必要です。

なお、普段から家族同士で話しやすい雰囲気をつくっておくことが、何よりも大切です。コミュニケーションが取れていなければ、スッと本題に入っていけません。

# 参加するのは「相続人」。子の配偶者に注意！

## 疎遠であっても声かけは必要

会議に参加するメンバーは、原則は自分が亡くなった場合に相続人となる人です。相続人以外を参加させる場合は、関係性や人柄にも左右されますので、「どこまで」と言い切ることはできません。以下を参考に、ご自身に当てはめて考えてみましょう。

**①自分と推定相続人だけが参加する**

配偶者や子など、相続人となる人だけを呼び、子の配偶者には遠慮してもらうケースです。「あくまで家庭の問題」ととらえるなら、外野の意見が入らないほうがよいでしょう。

「外野」、つまり子どもの配偶者などの意思や意向が入ってくると、話をまとめるのが難しくなる可能性があります。まして、子の配偶者が場を仕切ってしまうようなら、参加を遠慮してもらうべきでしょう。

**②自分と推定相続人、その家族も参加する**

子の家族にも参加してもらうケースもあります。たとえば、子と同居をしている場合は、子の配偶者も参加してもらったほうがよいでしょう。子の配偶者が義理の親の世話（療養介護など）をした場合、相続人でなくても相続人らに対して金銭を請求できるケース（57ページ）も、まれにあります。

なお、この場合は公平性を保つため、同居していない別の子の配偶者もメンバーに加えましょう。もちろん、子の配偶者に自分の希望をしっかり伝えておきたいなら、呼ぶべきです。

**③疎遠な家族（相続人）にも声はかけておく**

万が一、家族関係が円満ではない場合、疎遠になっている家族をどう扱うかですが、やはり必ず声はかけるべきです。結果的に会議の場に顔を出さなかったとしても、声をかけたという事実は大きいと思います。

# 相続財産以外に話題となること

## 実りある会議にするための工夫を

家族を集めて話すのは、もちろん相続財産のことが中心ですが、充実したものにするため、次の3つのポイントは伝えましょう。

**●ポイント①　家族会議を開く目的**

なぜ、家族を集めて話をするのか、その目的をはっきりさせておく必要があります。集めた理由、相続について考えはじめたきっかけなどを話すべきです。

たとえば、遺言書を作る前に家族の考えを聞いておく必要があるとか、将来は介護施設に入るつもりだが意見を聞きたい、頭がはっきりしているうちに家族に伝えておきたいことがあるなど。呼ばれた側も、理由がわかれば話に入りやすいはずです。

2回目以降の会議をする場合は、前回の課題や問題点について解決策を探るため専門家に相談した結果の報告、それをふまえて話題の説明、決めたことを周知する目的であることなどは最初に伝えましょう。

**●ポイント②　相続財産に添える物語**

相続財産に関することのほか、家族に話しておきたいエピソードなどは、ぜひ伝えましょう。

どんな仕事をしてきたか、マイホームを持ったときの気持ち、子育て時代の話、どうやって財産を形成してきたか、普段話さないテーマもよいと思います。今まで思っていても言えなかったことがあってもよいでしょう。

金額だけで語られやすい相続財産ですが、持ち主の想いが込められることで、物語とともに引き継がれることになります。

### ●ポイント③　遺言書には書けない（書かない）想い

法律の要件さえ満たしていれば遺言書の内容は自由です。どんなことを書いても問題ありません。ただし、亡くなった後に法律の効果が発生するため、家族あての手紙ではないことは理解しましょう。

そこで、遺言書には書かないけれど、どうしても伝えておきたい感謝や想いを伝える機会にしてはいかがでしょうか。

私が関わったケースでは、遺言書を事前に用意したうえで、なぜそのような分け方をしたのかといった理由、自分の考えを、家族関係や経過をふまえて家族に伝えた人がいました。家族に納得してもらう意味で、いい方法だと思います。

## 台本を用意するのもひとつの手段

会議と名がつく以上、大ざっぱな進行台本を用意してもよいでしょう。台本というと大げさですが、最低限、箇条書きでもいいので伝えたいことや考えをまとめておくと進行がスムーズになりますし、頭の整理にもなります。

また、言い忘れ・伝え忘れを防ぐことができます。家族で集まってのんびり話を始めると、脱線して収集がつかなくなることもあるので、その対策として有効です。

何より、話すことをまとめることで、自分の財産の把握や、今後の生活の展望を考えることにつながります。普段なら気づかない心配ごとや、家族に相談したいことなども浮き上がってきます。

## 進行台本の見本

●月●日　　出席者 夫、妻、長男、長女、次男

**テーマ**　**財産と分け方**

財産の内容
土地と家、現金・預貯金(合計700万円)、
株×2、自家用車、家財

- [x] 家と家財は妻に引き継がせたい
- [ ] 長男には現金を渡したい
- [ ] 長女には定期預金と株を渡したい
- [ ] 次男は妻と同居してもらいたい、土地と自動車を引き継がせたい

# 会議の記録は必ず残しておく

## 議事録として共有すると便利

家族を集め、貴重な時間を使って話し合うわけですから、何かしら記録は残しておくべきでしょう。少なくとも、議題や意見を整理するために使えます。

記録を残す目的は以下の5つです。

**①いつ、どこで誰と話をしたかの記録が残る**

会議の基本である、いつ、どこで、誰が参加していたかという記録が残ります。

**②何を話したかの記録が残る**

こんな話が出た、誰が何を言ったなど、言った言わない論争にならないように予防措置が取れます。

**③結論が残る**

いろいろ話はしたけれど、結局どうするんだっけ？　ということがないように、話し合いの結果「何をどうする」ことになったという結論を残せます。

**④次の行動を考えるきっかけになる**

この書類が必要、役所や業者にあたってみるなど、今後行うべきことがわかります。

**⑤積み残した課題がわかる**

結論が出なかったこと、アイデアを持ち寄ること、次に会議を開くまでに各自で考えておくことが明確になります。

## 議事録か録音で残す

話し合ったことを記録する方法は、おも

にふたつです。

ひとつは、議事録形式です。議事録というとかたいイメージがありますが、話題と誰がどのような発言をしたかを順にまとめるだけです。決まった形はありませんが、左ページにその見本を紹介しますので、参考にしてください。

なお、話しながらメモをとっていくのは難しいので、参加した家族に手伝ってもらうか、メモをとる係としてお願いするのがよいでしょう。

もうひとつは、単純に録音することです。音声を文字に変換する機能がついたＩＣレコーダーがあればいちばんよいでしょうが、スマホにもボイスメモ機能やアプリが搭載されているので、録音はできるはずです。

録音は、一字一句が正確に記録され、話し方などから発言内容に込められた気持ちも理解できます。長時間になると聞き直すのは大変で、要点は結局まとめないといけませんが、「○○の話題について」などテーマをひとこと録音してから話し始めると、話題の区切りが明確になり、まとめやすくなります。

ちなみに、スマホで録音した音声を文章に変換する「文字起こしアプリ」も増えていますので、家族に相談して活用してみるのもよいでしょう。

## 議事録の例

家族会議議事録（１回目）

**開催日時**　令和○年○月○日　午後７時〜午後８時４５分
**場　所**　自宅居間
**参加者**　４人　（父、母、長男、長女は仕事のため３０分遅れで参加）
**資　料**　父名義の不動産の資料、父名義の預貯金の資料
**議事録作成者**　長男

**（１）父から子へ伝えたこと**
①できれば最後まで自宅で過ごしたい
②認知症になったときは○○○○○
③遺言書をつくるつもりである
④葬儀は○○○○○
⑤お墓は○○○○○

**（２）全員で話し合ったこと**
①生活する場所について
自宅でよいが、入院が必要なケースは○○○○○。
母がひとりになったときは○○○○○。
②認知症になった場合など介護が必要なとき誰が何をサポートするのか。
施設利用やデイサービス、介護サービスは利用を検討するかどうか。

介護でどんなサポートが受けられるか、費用など、父と母が調べて後日報告することになった。
③遺言書について
父が遺言書を作成することには異論はなかった。
遺言書の内容に関係する財産（不動産と預貯金）についての話をした。
相続税のことと遺言書の作成について専門家に相談することにした。
④葬儀について
近親者のみで行いたい。
声をかける親族の範囲は父と母が決めて名簿を作っておく。
費用や場所は父の希望を尊重する。
場所や費用の資料は父がそろえたのち家族で改めて相談する。
⑤〔中略〕

**（３）家族からの要望**
２階の押し入れの中身を分別して片づけてほしい。

**（４）次回**
○月○日までに資料を集め、改めて日程調整。父が声かけをする。

# 相続に関して家族に必ず伝えること①

## 気になること、自分の考えをはっきり伝える

家族会議のメインテーマは、どういう財産があり、どのように分配するかです。しかし、同じくらい重要な、懸念していることも必ず伝えましょう。

たとえば、介護が必要になったとき、助けてくれるのか？　老後の費用が不足しないか？　相続財産が不動産のみで、公平に分配することが難しいかもしれない「負」動産の処分について、死亡後の家族関係がこじれないか、などです。

また、「今後の人生をどう生きたいか」も、自分の希望を正直に伝えましょう。それを聞いた家族は、問題意識を持つことができ、かつ対処法を考えるための時間を確保できます。

パート2で紹介したように、見渡せば多くの財産に囲まれて生活しています。これらの財産を「生前に処分するもの」「死んだら処分してほしいもの」「生前に引き継がせたいもの」「相続させたいもの」などのグループに分けましょう。

もちろん、勝手に処分されたくないモノ、処分するかどうかを判断できないモノがあるなら、ストレートに伝えましょう。モノへの思い入れは他人では判断できないため、言葉でしっかり伝えることが大切です。

たとえあなた自身で整理・片づけができなくても、家族にとっては、相続に向けての重要な指針になります。

## 財産のグループ分け例

| | 生前 | 死後 |
|---|---|---|
| 処分 | •遠方の山林<br>•骨董品<br>•ゴルフ会員権<br>•借入金 | •家財<br>•トロフィー類 |
| 引き継ぎ・相続 | •貴金属<br>•自動車<br>•お中元・お歳暮の品 | •預貯金<br>•有価証券<br>•土地、家屋 |

# 相続に関して家族に必ず伝えること②

## おたがいに心の準備をしよう

誰に何を引き継いでほしいかの要望は、必ず伝えましょう。口で伝えるだけでは法的な効果は生じませんが、伝えた内容をもとに遺言書を作れば問題ありません。

「生前に引き継がせたいもの」「相続させたいもの」については、引き継ぐ方法やそのためにかかる費用なども、具体的に知らせましょう。

「生前に処分する」と決めたものは、いつまでに何をどのように片づけ、処分するかも決めていきましょう。身近なところでは、使わなくなった自転車、読まない本や聞かない音楽ＣＤ、古い家電は、すぐに処分を進められます。家族が残していったものがあるなら、帰省のタイミングなどにまとめて捨てたり売ったりと、処分を任せるのもひとつ

の方法です。

また、最近は、相続したものの利用価値がない土地、バブルのころに買った「別荘用地」（という名の山林）など、いわゆる「負」動産の処分に関する相談をよく受けます。

自分の代で処分して子どもや孫に迷惑をかけたくないと考える人は多いのですが、「処分できる・できない」の問題があり、できるとしても時間と手間はかかります。

会議の時点なら押しつけあう必要もなく、「負」動産を専門に取り扱う業者を探してみる、相続した土地を国庫に帰属させる制度を検討するなど、協力しながら心の準備ができます。

# 自分の死後、家族にどう過ごしてほしいか

## 希望は具体的に伝えて検討してもらう

自分の死後は、何か問題が起こっても家族を助けることはできません。もし認知症になってしまったら、伝えたくても伝えられないかもしれません。どのように過ごしてほしいかは、しっかり伝えましょう。

その際、「仲よく過ごしてほしい」「体に気をつけて長生きしてほしい」といった漠然とした希望を伝えるよりも、具体的な話をしたほうが家族に役立ちます。

たとえば、自分の死後に配偶者がひとりになるなら、ケガや急病に備えて子と同居を検討してもらえないかなどと伝えたほうがよいでしょう。

住む場所以外にも、生活費の工面や体のケアなど、気になることはたくさんあるはず。

細かなことでも、同居していない家族にとっては重要な情報になるかもしれません。

もちろん、残される家族の意思が優先されますし、現実的に可能かどうかの問題もあります。

家族のほうから切り出すのは難しいため、「自分が死んだ後は……」と話しはじめることをおすすめします。「心配ごと」「気になること」を家族全員で考えることができ、あとのことを安心して託すことができます。

むしろ、具体的な希望をかなえられるかどうかよりも、相続だけでなく家族間で発生しそうな問題点に気づき、考えるきっかけを与えることが大切なのです。

# 葬儀とお墓の希望を伝え、家族の判断材料に

## 何らかの意思表示をすれば、考えるきっかけに

近年、家族、親戚、会社関係など多くの人が参列する葬儀よりも、親族のみで行う家族葬が増えています。家族で話し合う場合は、まず自分がどういった葬儀を望むのかを、きちんと伝えましょう。

注意したいのは、お世話になった人やつきあいのある人などに死を伝えないまま家族葬をするケース。「どうして教えてくれなかった」と、家族が周囲に責められてしまう可能性があることです。家族葬なら費用も手間もかからず安心、とならないケースがあることは頭に入れておきましょう。

そのうえで、葬儀に参列してもらいたい人がいるならば、その人の連絡先をリストに

まとめておいて、死後は家族に託す必要があります。

なお、家族葬であっても、その「家族」の範囲がどこまでなのか、また声をかけない親族に対してどのように伝えるのかは、話し合っておく必要があります。

お墓のことも、必ず話し合う必要があります。

先祖代々のお墓があり、そこに入りたいならば、考えることは少ないでしょう。

しかし、生前にお墓を購入したい、死後に相続財産を工面してお墓を建ててほしい、樹木葬や永代供養を望むなど、明確な希望があるなら、自分の考えを具体的に伝える必要があります。

# 話し合いを円滑に進めるには聞く耳を持つことが大切

## もしも余命宣告を受けたら?

自分の想いや希望を家族に伝えると、家族からもさまざまな反応が返ってくるはずです。その反応に対して、どのようなスタンスで話を聞けばよいのか、そしてどう対処したらよいのでしょうか。例として、「もし自分が余命宣告を受けたら」のケースで考えてみます。

余命宣告を受けたら、自分自身の不安や悩み・家族の将来についての心配ごとなどが、いろいろ出てくるでしょう。考えをまとめる中で、どうしても譲れないことや、優先したいことが浮かんでくるかもしれません。たとえば、最期のときを自宅で過ごしたいという強い希望を伝えたとします。家族が「それは難しい」とか「違う方法を考えてほしい」などと伝えても、本人がそれ以外の選択肢を認めなければ、最終的に家族は本人の意思を尊重しようと考えるでしょう。

しかし、自宅で過ごしている間に身体機能が低下して、介護が必要となる可能性も十分あります。あらかじめ家族の意見も聞き入れ、現実的に本人の希望を叶えられなくなったときのことも決めておかなければ、後にもめる原因になりかねません。

家族の誰が面倒をみることができるのか、金銭的な負担はどの程度なのか、在宅介護を受けながら最期まで自宅で過ごせるのか、家族の負担が肉体的にも精神的にも重くなった場合、施設への入居を受け入れるのか――。

もし、あなたが判断できない状態になったとしたら、それらを決定するのは家族です。ですから、自分の希望を伝えるだけでなく、反対の意見だったとしても家族の考えにもきちんと向き合い、耳を傾けて、不安や心配ごとについて一つひとつ解決策を話し合っておくことが重要なのです。

家族会議をすることはスタートであって、最終地点はあくまでも「もめない相続」にすることです。あなたが家族の想いも受け止めて出した結論ならば、残された人たちもこころよく受け入れることができるでしょう。

## 財産に関して自分の考えと反する意見が出たら

財産の分配案を家族に提案した際は、家族の反応をよくみましょう。不満があるときに面と向かって言ってくれれば話し合うこともできますが、「その場では言えない」というケースもあります。

納得していないようなら、「どう思うか？」と、ひと声をかけてみるのも手です。

では、家族から不満が出たら、どう対応すればよいでしょうか。ふたつの方向で説明します。

**①財産の配分に不満が出た（マイナス方向）**

配分された財産が少ない子どもが不満を述べた場合、その意見が理にかなっているか、または無理な要望なのかを判断しなければなりません。合理的な意見であれば他の家族の反応も見ながら、修正を加えればよいと思います。

無理な要望であれば、突っぱねるのもひとつの方法ですが、会議が決裂するのは避けましょう。

とくに財産の分配など金銭が直接からむ場合は、その場で結論を出さず、他の家族や専門家に意見を聞いて、次の機会にあらためて自分の考えを伝えるのがよいでしょう。

**②財産の配分に不満が出た（プラス方向）**

「自分の取り分をほかの家族に回してほしい」という意見が出ることもあります。これは私の経験上、配偶者が子に対して申し出るケースが多いです。

「子や孫よりも先が短いから、生活に必要なぶんだけあればよい」という考えが根底にあります。このケースは、子どもらへ再配分する方向で話を進めればよいでしょう。

ただし、相続税が発生するようなケースは、**配偶者控除**を使って税負担を軽くできる可能性があり、再配分の方法については専門家の意見も聞くのが得策です。

## 相続人に不満が出た場合の対応例

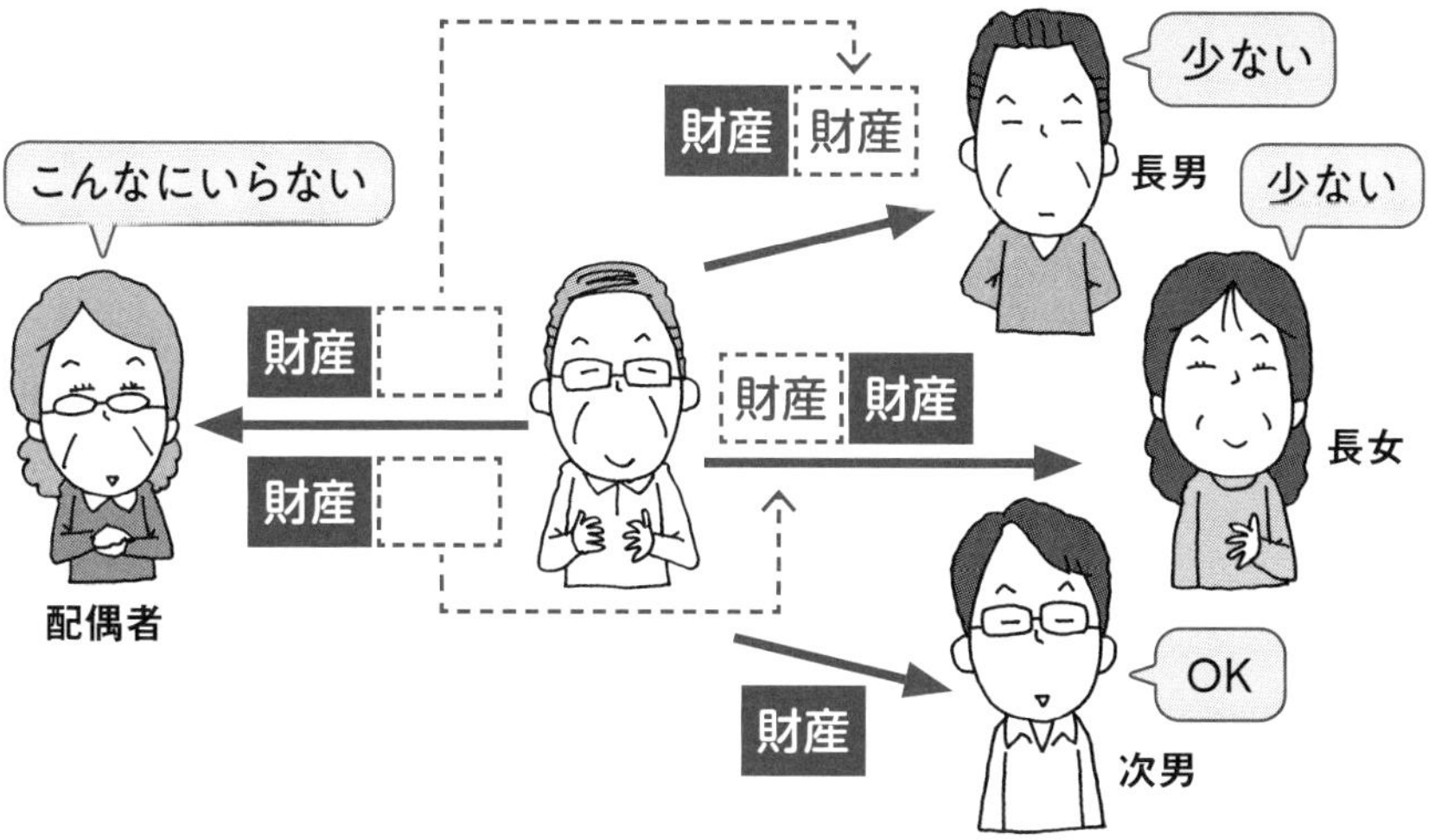

# 誰が自分の面倒をみるのか決められないときは

## 特定の家族に負担がかからないように

配偶者とふたりで暮らし、家族と同居していない場合は、介護サービスを使いつつ配偶者同士で面倒をみると考えるのが一般的です。ただ、老老介護は負担が大きくなり、共倒れの可能性もありえます。

個々の状況により異なりますが、子と同居する、ときどき子に通ってもらう、それらが難しければ施設を利用するなどの選択肢があります。家族の考えをしっかり聞いたうえで、特定の家族に（肉体的、金銭的な）負担がかからないよう方針を決めましょう。

このほか、相続人たちがざわつき始めるケースは、意外に多くあります。そして全員の意見が一致するとは限りません。とくに介護については家族間で方針や意見が割れる

ことも多く、最悪は対立することも考えられます。

そういう場合は早急に結論を出さず、争点や問題点をハッキリさせて専門家に意見を聞くなどしてみてはいかがでしょうか。

家族どうしが日ごろから意見を言いやすい雰囲気であれば、何ごとも頼みやすく、協力も得やすいでしょう。おたがいに遠慮なく、「自分が動けなくなったらどうするか」を話し合える関係であることが何よりも重要です。

そうでなかったとしても、「この話し合いでは前向きな結論が出せるよう協力してほしい」と宣言すれば、理想的な方向に話が進みやすくなります。

# 「家を処分してほしい」と言われたら？

## 実家を引き継ぐ話は慎重に

相続の相談を受ける際によく出てくるのが、子が独立して家を持っているとき、「実家」を引き継ぐ人がいなくなるケースです。

実家の土地や建物を相続すると、固定資産税の負担も増えますし、日々の維持管理には労力もかかります。空き家になってしまうと、建物の劣化が早く進みます。維持のため費用がかかるとなれば、はっきり言ってありがた迷惑なケースもあるのです。結論から言えば、これは家族の意見を尊重したほうがもめずにすみます。

具体的な対処方法は、のちほどパート4で紹介します。

家屋の引き継ぎに問題があると「生前に処分してほしい」と言われるかもしれませ

ん。売る・取り壊すなどの方法や時期は、しっかり考えましょう。

不動産だけでなく、車や二輪車、長年手をつけていない押し入れやクローゼットの中身などは、家族としては生前に処分しておいてほしいものです。

できることは着手し、すぐにできなくても見通しを立てて、それを家族に伝えることが重要です。

意外と見落としがちなのが、屋外の物置です。軽作業の道具や壊れた家具・家電などを入れたままになっているなら、そのことは家族に伝えましょう。家屋を引き継ぐにしても手放すにしても、片づけに費用や手間がかかります。

# 話がまとまらないときの解決方法

## 最終的には親の意見を尊重する

ここまでは、会議の進め方や注意点を説明してきました。

家族の意見が一致すれば、安心して次のステップへと進むことができますが、置かれている状況や家族関係、財産の内容などは人それぞれで、うまくまとまらないこともあるでしょう。そんな場合の考え方を紹介します。

まず重要なのは、話を切り出す親（被相続人）が、テーマと自分の意見を必ずセットにして伝えることです。意見が分かれた場合は、自分の意見の何がどのように問題なのか、耳を傾ける必要があります。

話がバラバラにならないよう、ひとつずつ解決していきましょう。

もうひとつ重要なのは、自分の人生のしめくくりをどのように迎えるかについて、一貫した考えを持つことです。家族からいろいろな意見や不満などが出たとしても、最終的には自分の考えや判断を信じることが大切です。

専門家の判断をあおいだり、費用や手間をふまえて熟考したりして自分の考えを固めたのなら、一時の感情に左右されないよう注意しましょう。

一方、相続人となる家族に対して、私がいえるのは、「人生の最期をめぐる主張を、なるべく尊重してあげましょう」です。

大切な家族と、じっくり話し合う機会を持てたことへの感謝を忘れずに。

## 親子のやりとり例

父

うちは財産といっても家しかない。私が死んだら家を売って、現金をみんなで分けてほしい

長男

財産は期待していないよ。でも、母さんが住む家がなくなってしまうじゃないか？

父

おまえたちで話し合って、母さんと同居してあげてほしいと考えている

長女

ちょっと！　勝手に決めるのはひどいわ。急に同居するなんて無理よ

父

心配するな。もしおまえたちが無理なら、母さんは施設に入るつもりなんだ

長男　長女

……そうしたいなら先に言ってよ。では、同居か施設かの可能性を考えてみようかな

知っておくと安心！
ワンポイントアドバイス❸

## 遺言時と死亡時の財産に差が出ることも

遺言を残した時点と、亡くなった時点とでは、所有財産に変動があります。あったものがなくなるとか、株式や土地のように時間の経過により評価額が変わり、公平でなくなる可能性があります。

当然、不満を訴える相続人が出てくるでしょう。

そのための対策として、ふたつの例を紹介します。

**①預貯金の分配を「額」ではなく「割合」で決めると、残高が変動しても影響がありません。**

**②ひとりには不動産、別のひとりには株式を相続させるというような場合、「死亡時の評価が等分になるよう、預貯金で調整する」といったような文言を加えます。**

いずれにしても重要なのは、変化が起こることを想定しておくことと、それを家族が理解しておくことです。

パート4

# 家族会議のあとやるべきこと

# 会議を終えて最初にやるべきことは？

## 「何を」「誰が」やるか決めて動く

ここからは、家族会議で決めたことを実現する手順を説明していきます。最初にやることは、おもに3つです。

**①介護、葬儀やお墓に関する資料・情報を集めたり、業者や専門家を探す**
**②遺言や相続の手続きに必要な書類を集める**
**③モノを処分したり、不動産をはじめとする財産を確認・整理したりする**

何を誰がやるのか、分担を決めて進めていきましょう。

資料・情報を集めるのは、若い人のほうが得意です。インターネットで検索をしたり、業者や専門家の連絡先を調べたりするのは、任せてもよいでしょう。その際、自分

が優先したいポイント（費用、設備など）を家族に伝えましょう。

手続きに必要な書類を集めるのは、自分でやるほうがスムーズに進みます。委任状が必要だったり、窓口が平日しか開いていなかったりと、現役世代の家族にとっては負担になることが多いからです。

モノの処分は、本人と家族とで一緒に行うことをおすすめします。本人がどうしても手放せないと思っていても、引き継ぐことになる家族は、冷静に要・不要の判断ができるからです。

また、財産の確認・整理については、いくつかのコツとポイントがあるので、このあと説明します。

# 費用面から手続きの時期を考える

## 贈与と相続ではかかる金額が異なる

家族会議で話し合った内容を実現するためには、さまざまな手続きが必要となります。それらの手続きを「生前」「死後」のどちらに行うのがよいか、考えてみましょう。

このあたりになると、専門家に依頼するケースが増えそうです。たとえば、私は「不動産の名義を生前に変えておいたほうがよい？」という質問をよく受けます。

生前に名義を変えるということは、贈与になります。

私は、当人の財産の状況、家族の状況、贈与したい理由などを聞き、費用の話をしてから判断してもらっています。

費用とは、司法書士に支払う登記手続きの費用と、贈与で名義を変えた場合（生前）

と相続で名義を変えた場合（死後）の実費のかかり方のちがいです。

### ①登録免許税の差

不動産の名義を変えるときは、登記申請（所有権移転登記）をします。その際に登録免許税を納めます。この税は、固定資産評価額に税率をかけた金額です。

相続の場合、税率は1000分の4（0・4％）で、贈与の場合は1000分の20（2％）。つまり、5倍の差があります。

固定資産評価額が1000万円だとしたら、それぞれ4万円と20万円になります。

### ②不動産取得税がかかるかどうか

贈与の場合、不動産取得税がかかります（ただし一定の条件に当てはまれば軽減さ

**登録免許税の計算例**

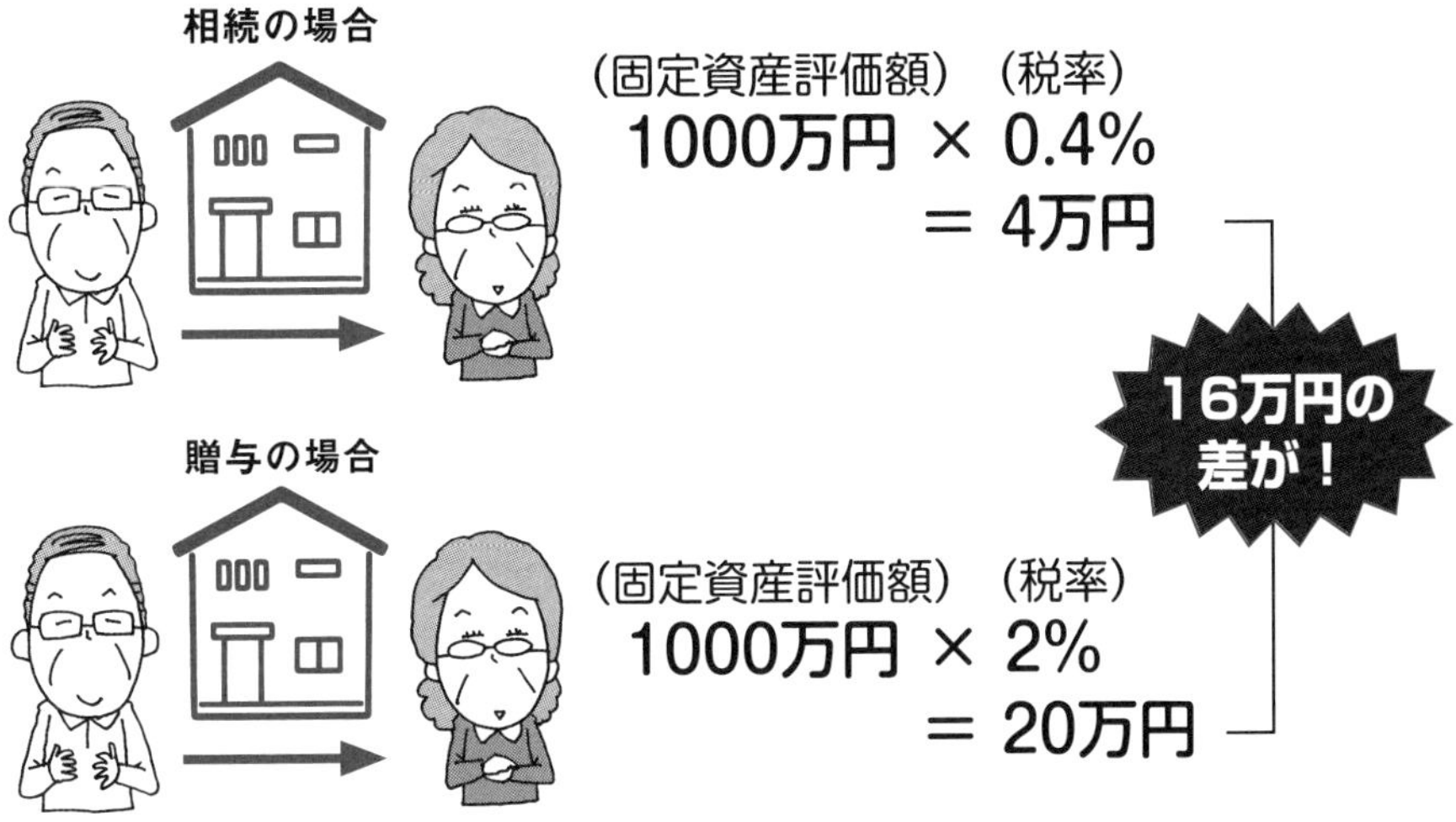

れます）。土地は固定資産評価額の2分の1に対して税率3％、建物は固定資産評価額に対して税率3％または4％です。なお、相続の場合に不動産取得税はかかりません。

### ③相続税と贈与税の比較

贈与の場合は贈与税、相続の場合は相続税がかかります。いずれも、正確な計算方法や納めるべき税額、使える控除の有無などは税理士か税務署で確認しましょう。この額は、専門家に計算してもらうことをおすすめします。

### ④非課税枠や相続時精算課税制度を使う想定

贈与税には、「年間110万円まで」という非課税枠（税金がかからない上限額）があります。ただし、不動産だけでなく現金などを渡していれば合算します。また、生前に贈与を受けた人が相続時精算課税制度を選択して贈与を受けることもできます。

こうして、最終的に節税できる金額と手続きにかかる費用を比較して、時期を判断する必要があります。

## 孫に贈与する方法もある

子のほかに孫がいる場合、孫に直接贈与する方法もあります。子は相続人なので贈与したあと7年以内にあなた（被相続人）が死亡した場合は相続財産に加算され、相続税の対象となります。

しかし、子がいれば孫は相続人ではないので、あなたが死亡した場合でも、相続税の対象となりません。

すべての孫に対して均等に贈与しないと子の間でトラブルになりかねないので注意は必要ですが、相続対策のひとつとして考えられるので、活用を検討してよいかもしれません。

ただし、税の制度は変わることもあるので、専門家に相談してアドバイスをもらいましょう。

## 孫に贈与すれば非課税に!?

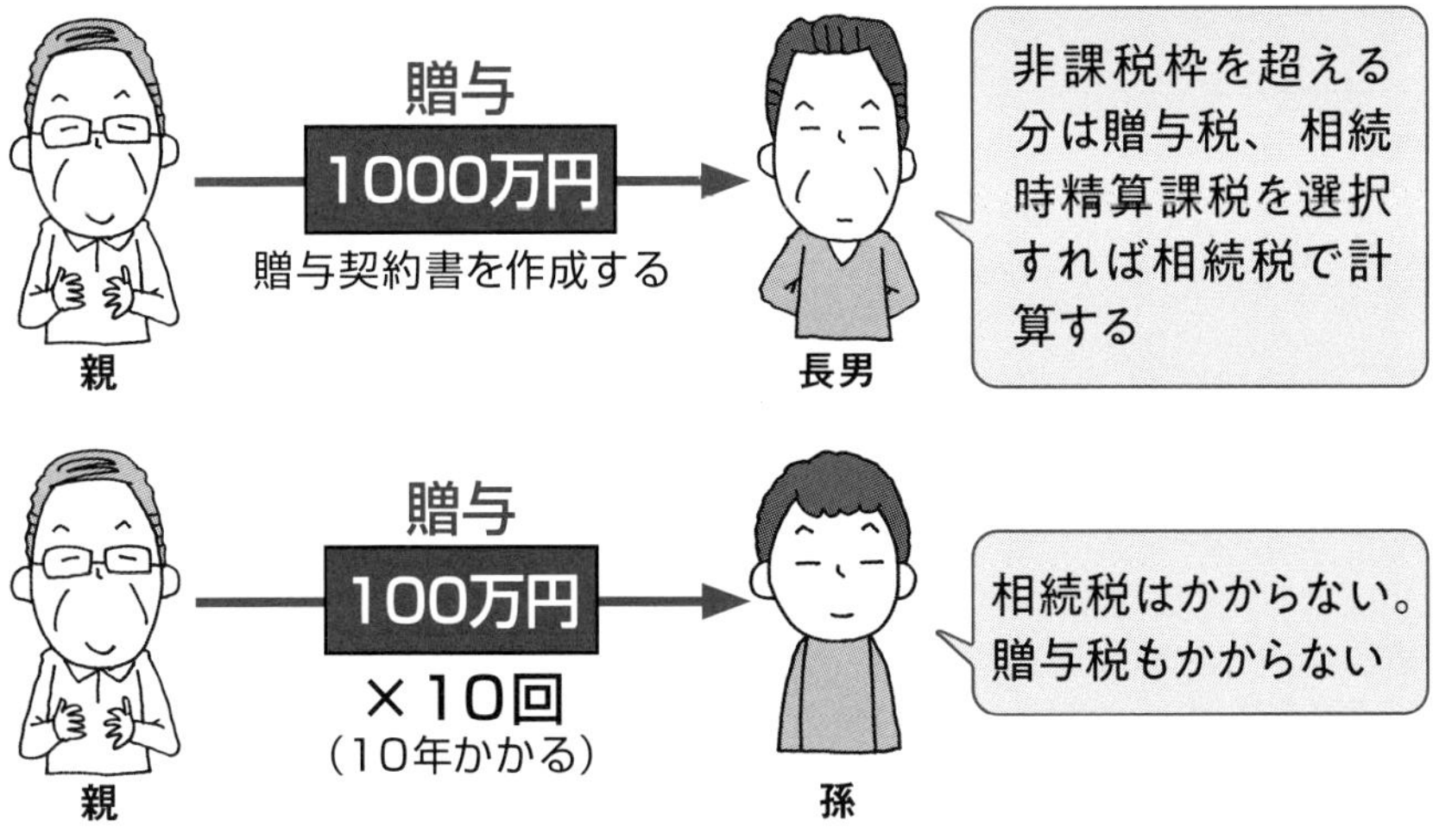
贈与
1000万円
贈与契約書を作成する
親
長男
非課税枠を超える分は贈与税、相続時精算課税を選択すれば相続税で計算する
贈与
100万円
×10回
（10年かかる）
親
孫
相続税はかからない。贈与税もかからない

# 強い希望がかなうかどうかを考える

## 先に手続きをすれば家族の負担が軽くなることも

相続に関して、かかる費用の多い少ないを問題とせず、「財産を生前にきちんと引き継いでおきたい」と考えている人もいます。

「贈与にかかる費用を自分で負担し、子どもにきちんと引き継ぎたい」「あとでもめるのがいやだから、生前に決着をつけたい」などの理由です。

私が実際に関わった例で、夫が妻よりかなりの年長で、子がいないケースがありました。夫が「(自分が先に亡くなるだろうから)妻に相続の手間や税金の心配をかけさせたくない。安心して家に住んでもらいたい」と考え、生前に名義を変えました。遺言で妻に土地と建物を相続させれば結果は同じですが、手間のかかる名義変更の手続きを生

前に行い、妻の負担を減らしました。

手続き前に税理士に計算してもらったところ、夫婦間贈与なので配偶者控除が使え、贈与税もかからずにすみました。費用でみれば相続のほうが安くすみますが、理由が明確なら、生前の名義変更を検討してよいと思います。

実際、死後に（相続が生じてから）手続きをする場合は、手間がかかります。

たとえば、生前に本人が銀行口座を解約するのはかんたんですが、相続手続きで行う場合は、被相続人の出生からの死亡までの戸籍や窓口に来た人との関係がわかる戸籍謄本などが必要となり、手間が一気に増えます。

# 「やればできる」こともある。自分で行う生前の手続き

## 生前にできること、手続きはけっこうある

不要な銀行口座の解約のように、財産に関することで、費用や手間を考慮するべきものとは別に、明らかに生前にすませたほうがよいことや手続きがあります。以下にいくつか例を挙げます。

**①各種契約の解約や見直し**

銀行口座の解約と同様に、死後は死亡届を用意するなどの手間がかかるほか、家族が把握していない契約があると、思わぬ負担になります。だからこそ、家族会議で伝える必要があるわけですが、そもそも亡くなる直前まで必要な契約以外は、早めに解約・見直しをしましょう。

**②贈与（形見分け）**

これも家族会議で方針を話し合っているはずですが、不動産や預貯金以外の物品で、高額でないものは生前に引き継いでおきましょう。

**③養子縁組**

特殊ですが、相続税対策で子の配偶者や孫を養子にするなどのケースがあります。

**④重要な書類やものの整理**

残された家族が探し回る必要がないよう、本人がしっかり整理しましょう。

**⑤祖父母など自分の親の世代の遺品の整理**

会議で忘れてならないこととして紹介しましたが、家族が判断できないものは、必ず「どうしてほしいか」を伝えましょう。

## 形見分けと寄付

形見とは「資産価値はないが大切なもの」といい換えることができます。死後に家族がゴミとして処分する可能性が高くなりますから、大切なものは、生前に価値のわかる人に託しましょう。

また、遺言で寄付をすることも可能ですが、家族に手続きをしてもらうくらいなら自分の手で行ったほうが、必要とする人に早く届けられます。ちなみに、遺言書で寄付をした場合、相手が法人であれば相続税は発生しませんが、個人または法人でない団体であれば相続税が課せられる可能性があります。

# 手続きにかかる費用は？ 専門家の報酬は千差万別

## 手間を省略するか、費用を節約するか

さて、ここまで生前にできることや、やるべきことを紹介しました。

最後に、各種手続きにかかる費用を説明します。依頼内容によって差があり、また専門家ごとに料金設定が異なるため、金額を具体的に示すのは難しいのですが、一例として知っておくことも大切です。

本人や家族が動いた場合にかかるのは、せいぜい交通費や印鑑証明書などの証明書類の費用でしょうか。仕事を休めば、本来得られたであろう給与分がコストに加わります。

一方、専門家に依頼した場合、確実に手続きを終わらせてくれるので安心ですが、かんたんな手続きでも最低日当相当額は発生します。

コストがかかっても、それに見合う手間と労力が節約できるのであれば、専門家の力を借りるのを検討してもよいでしょう。

本人が行うほうがよいのは、使っていない口座やクレジットカードの解約です。保険の契約やサブスクリプションなどの契約解約や内容の見直しなども、専門家に頼むと、むしろ手間がかかりますので、本人が行うのがよいでしょう。

専門家に頼んだほうがよいのは、不動産の名義変更やそれに伴う税金の申告などの手続きです。手続きだけでなく全体を俯瞰しての判断が必要になる場合は、専門家を頼るのがよいと思います。判断ミスや漏れなどのリスクも回避できます。

## 専門家の報酬には決まりがない

専門家の報酬は自由に決められますので、一概に示すことはできません。あくまで参考程度ですが、かつて存在した司法書士報酬基準（1998年版）によると、下のとおりでした。なお、交通費や宿泊費は日当とは別に請求されます。遠方にいる人に会ったり、遠方の役所に申請などで出向く必要があり行ってもらったりする場合、専門家ごとに料金設定があります。たとえば、新幹線運賃ならグリーン車料金を請求されることもあるため、依頼前に確認しておきましょう。

| 日当（実費別） | |
|---|---|
| 半日（2～4時間） | 2万4270円以内 |
| 1日（4時間～） | 4万8540円以内 |

# 「葬儀費用は生前に用意」。それって意外と難しい

## 亡くなった人の口座は凍結される

家族会議で葬儀について話し合う際、葬儀費用を誰が負担するかも重要な問題です。残された家族の誰かが負担する場合は別ですが、相続財産（現金、預貯金）の一部を葬儀費用として使うと決めた場合は、相続財産の処分にあたりますし、分配額が減少するので各相続人にはそのことに同意してもらう必要があります。

また、亡くなった人の預貯金口座は凍結されるため、支払いの際、すぐに引き出せない可能性があります。

そのほか、葬儀費用を事前に準備する方法はいくつかあるので、紹介します。それぞれのメリット・デメリットを考えて選択しましょう。

**①現金で保管する（いわゆるタンス預金）**

すぐに使えますが、盗難のリスクがあり、また相続財産の一部となるため相続税の申告が必要な場合は、申告漏れに注意しましょう。

**②葬儀費用を配偶者などに預ける、あるいは贈与しておく**

すぐに使えますが、預かるときは贈与にあたらないよう注意が必要です。預かった側は自分の財産と明確に分けて保管し、①と同様に申告漏れには注意が必要です。

**③少額短期保険を利用する**

かけ捨て型の保険で、かけ金は月々数千円程度、1年満期で更新制です。いざというときは100万円程度の保険が下ります。

なお、年齢が上がるとかけ金は増えます。

**④冠婚葬祭互助会で積み立てる**

月々の積立金を葬儀費用にあてることができます。ただし、互助会が破綻するリスク、途中解約をすると積立金が全額戻らないリスクがあります。

いずれの方法を選択するにしても、家族には決定した内容を伝えましょう。

# 相続税対策は必要なの？ その前に税金の試算が必要

## 相続財産の分け方で税金のかかり方が変わる

相続税対策の特集記事や、それらを取り扱った本がたくさん出ています。みなさん相続税のことを気にされていますが、その前に本当に税対策が必要かどうかを知ることが大切です。

相続財産を洗い出し、把握した情報をもとに、税の無料相談や税理士相談などを利用してかかる税金を試算します。

相続税がかかる場合の注意点は、財産の分け方によって税金のかかり方が変わること。具体的な財産の分配案をもとに配偶者控除や小規模宅地の特例などが適用された、現実的な数字を知る必要があります。

それがわかってから、はじめて対策を検討すればよいのではないでしょうか。

一般的な対策としては、暦年課税の枠（年間110万円）や、相続時精算課税制度を利用して、子だけでなく孫の世代への贈与（124ページ）などを活用することが考えられます。また、生命保険の利用なども考えられます。

有効な方法は、個別のケースにより異なり、費用対効果の問題もあります。

具体的な対策方法については個別の事情をしっかり伝えて、税理士やファイナンシャルプランナーといった専門家に、アドバイスを得るのがよいでしょう。

## Q うちは、相続税がかかりますか？

2021年の財務省のデータによると、相続税が課税された件数は、その年の死者数の9.3％です。つまり、およそ10人にひとりが相続税の対象になっているわけです。そのうち約半分は、課税価格が5000万～1億円の部分に集中しており、この層の平均納税額は、259万円です。

都市部であれば土地や建物に預貯金を加えると、この層に入ってくるのではないでしょうか。

いずれにしても、準備編（パート2）であげたように財産を洗い出し、相続税がかかるだけの財産があるのかを把握しましょう。

# 遺言書は、迷うなら作成しておく

## 遺言書の最大のメリットは、法的拘束力があること

「遺言書は作ったほうがよいですか？」と聞かれることがあります。経験上、私なら「迷うくらいなら作りましょう」と答えます。

相続が発生したのち、相続人の間で「生前、父はこの財産は○○に相続させたいと話していた」「この財産はおまえのものだと言われた」などの言った言わない論争がくり広げられるからです。口約束は証拠にならず、法的拘束力もありません。

「自分が考えたとおりに相続させたい」「相続で争いが起こる要素がある」「もめごとを予防したい」のであれば、遺言書を作るべきでしょう。

さて、通常の遺言には、自筆証書遺言と公正証書遺言の2種類があります。

自筆証書遺言は、遺言書の内容をすべて自筆するなど要件が決められています。ただし現在は、本文以外の財産目録などはパソコンで作ったものを使用できるようになりました。

自筆証書遺言は、自身で保管する方法と法務局で保管してもらう方法のふたつがあります。後者は手数料がかかりますが、紛失の心配がなく、家庭裁判所による検認手続きが不要となります。

公正証書遺言は、公証役場において作成する遺言書です。手続きに公証人が関与するほか証人も必要で、手続きも厳格です。遺言としての証拠能力が高いといえます。

なお、どちらの遺言も作り直しできます。

## Q 遺言書の内容を家族に知らせるべき？

遺言書の内容は、生前に家族に開示する義務はありません。つまり、ご自身で伝えない限り、家族は内容を知ることができません。

私がこれまでに関わった公正証書遺言作成の場面では、家族がすでにその内容を知っていることもありました。内容について家族で話し合いがされており、その証拠を残す形だったのでしょう。しっかり話し合ったなら、公正証書遺言でより確実に残しておくこともできます。

# 自分の死後、相続人がもめないために

## 財産が少ないからこそ伝えるべきこと

いくら家族で話し合っていても、相続でもめてしまうケースは多々あります。私が経験したトラブル例を紹介します。

おもな相続財産は不動産のみでした。相続人が集まって遺産分割協議を行った際、「不動産は現在そこに住んでいる相続人が相続し、その他の相続人は相続財産を一切もらわない」という話でまとまったかのように見えました。

ところが後日、**遺産分割協議書**に**署名捺印**をする段階で、それまで一言も意見を発しなかった相続人が突然、法定相続分相当の金銭を要求したのです。

おそらく、遺産分割協議の時点では知識がなく、その後に自分で調べるか、専門家な

どに話を聞くかして、「相続権がある以上、相続分相当はもらいたい」と考えたのでしょう。

最終的に、不動産を相続する相続人が異議を述べた相続人に一定の金銭を払うことで解決しましたが、後味の悪い案件でした。

こうしたケースを避けるために遺言書を用意するわけですが、遺言書があっても、相続人には遺留分を請求する権利があり、完全に解決することはできません。

財産が少ない、分けづらいといった場合でも、家族で話し合う際には、相続分や遺留分などそれぞれに認められる権利があることを、親（被相続人）が全員に周知するのがよいと思います。

# 専門家に任せるべき死後の業務とは？

## 専門知識が必要な手続きは依頼を

相続に関する手続きは、原則として相続人自身が行うこともできます。しかし、専門家と違い、ほぼゼロ知識から相続手続きを行うことになります。

たとえば、相続人の特定、相続財産の調査・把握・確定、遺産分割協議書の作成、相続登記、相続税の申告などは手間がかかるうえに知識が必要な手続きです。費用の節約という点で否定はしませんが、専門家に依頼したほうがスムーズです。

以下、代表的な手続きをいくつか紹介します。

まず、「遺産分割協議書」の作成があげられます。

これは相続発生後、相続人間の話し合いで決定した被相続人の財産を、誰がどのよう

に承継するか協議の内容を書面にし、相続人全員が記名押印あるいは署名捺印したものです。

相続人はこの書面を使って、相続登記や預貯金の払い出しなどの手続きを進めていきます。

遺産分割の内容は相続人が決めますが、その具体的な記載方法などは財産の量・種類が少なくても検討しなければならない場合もあります。

財産が多岐にわたる場合や相続税がからむ場合は、内容を精査する知識や経験も必要です。

次に、相続手続きを簡便にする「法定相続情報」という書類があります。

かんたんに言えば、法務局が発行する相続関係図（相続に必要な部分のみの家系図）です。各種手続きの際、相続人を証明する書類として戸籍と同等に使うことができます。

法定相続情報を発行するには、相続人や専門家が相続関係図のほかに被相続人と相続人の戸籍謄本などの必要書類を添えて法務局に申請をします。おおむね1週間程度で作成できます。

このような書類の作成を専門家に依頼した場合の費用は一律ではありませんが、内容が複雑である場合やくわしい財産調査を要する場合などの作業が加わると、高くなる傾向があります。

## 法定相続情報の相続関係図

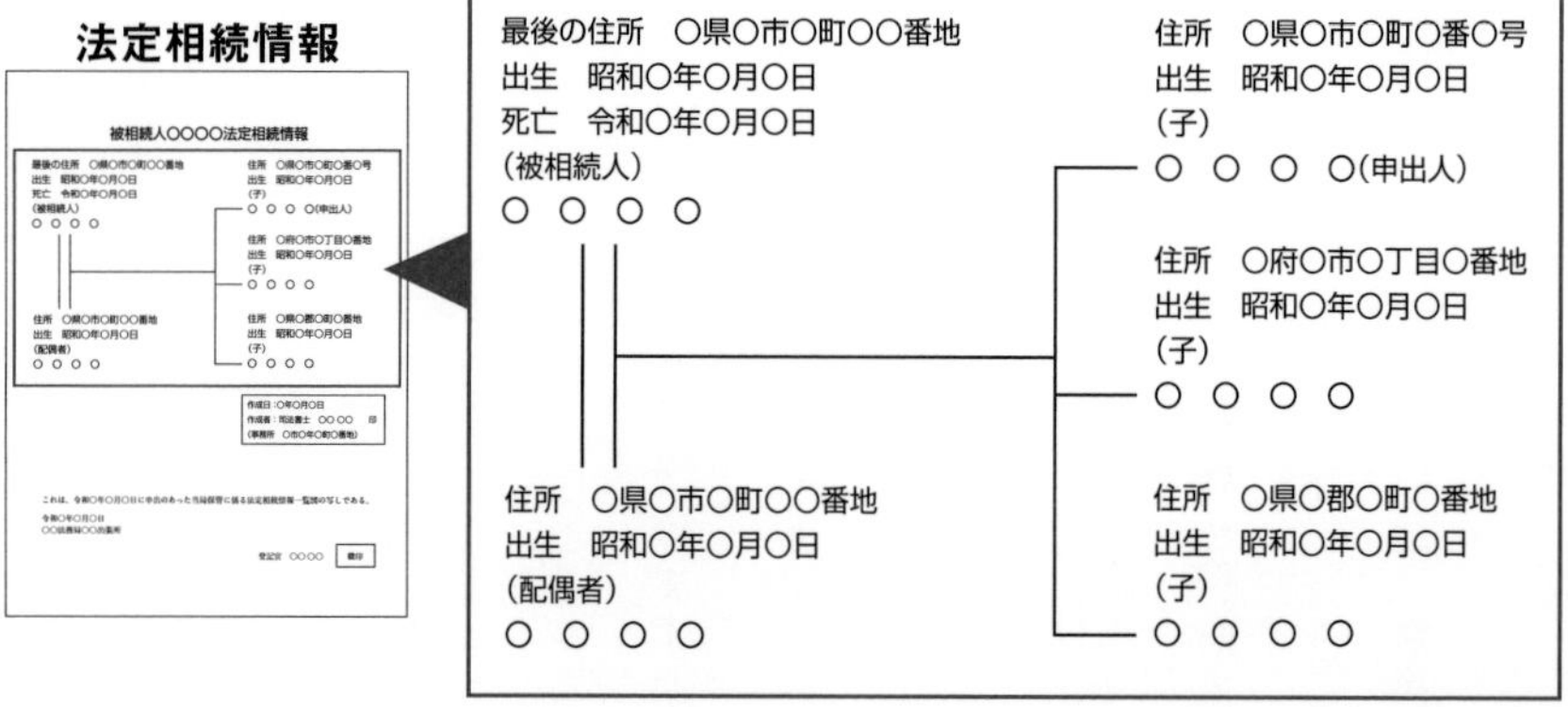

また、ほかの手続きと合わせて依頼されるケースが多いです。

## 財産承継手続きは自分でもできるが……

相続が発生すると、被相続人の財産を相続人に引き継ぐ必要が出てきます。

すなわち、預貯金、上場株式、投資信託、不動産、各種権利、債務などの財産を遺言書や遺産分割協議書に基づき相続人に引き継ぐわけです。

これら財産の名義変更や払出し、分配、相続登記や不動産の**換価処分**、契約の承継・解約など一連の手続きを、専門家が代理して行うこともできます。

専門家に依頼するケースとしては、これらの手続きを相続人自身で行う手間や時間がかけられない場合、相続人間にわだかまりがあるため第三者に分配作業を行ってもらいたい場合、遺産分割協議書や遺言書の中身が複雑な場合などがあります。

預貯金の解約のみといったかんたんな依頼は、ひとつの金融機関あたり数万円からですが、まとめて手続きを依頼する場合は、総財産の数%といった報酬になることが多いです。自分たちですること、専門家に依頼することをうまく配分して、手続きをスムーズに進めることが最良の選択でしょう。

## 不動産を所有するなら相続登記は専門家に

不動産を所有する人が亡くなった場合、その不動産名義を相続人に変更しなければなりません。これを相続登記（正確には、相続を原因とした所有権移転登記、または持分全部移転登記ですが、通称として使っています）といいます。

相続財産に不動産が含まれている場合、２０２４年４月１日からは、原則としてその取得を知った日から3年以内に相続登記を行わなければなりません。この日以前に亡くなっている場合も、相続登記申請義務の対象になります。正当な理由なく申請を怠った場合には、最大10万円の過料が課せられることがあります。

遺産分割協議がまとまらないなどの場合は、「相続人申告登記」を行うことでいったん義務を回避できますが、協議成立から3年以内に登記を行わなければなりません。

なお、未登記家屋は相続登記の対象にはなりません。ただし、所有者（課税名義人）の変更を市区町村に届け出る必要があります。

不動産を持つ場合は、専門家に任せてしまったほうがミスもなく、安心です。登記の申請費用は、物件の数や不動産を相続する人数、複数の市区町村にまたがって不動産が

存在する場合など、申請件数によって異なります。

## 遺言執行者の仕事

遺言書に書かれた内容に従って相続財産を相続人に承継させる人を、**遺言執行者**といいます。多くの場合、遺言書を遺す人が遺言書で指定します。

相続人のひとりが指定されるケースが多いですが、専門家を選任している場合もあります。遺言執行者がすべきことは、法律で定められています。

相続人が指定されている場合も、できない手続きは専門家に依頼可能。費用は財産承継手続きに準ずることが多いと思います。

# 金融機関にも相続手続きのサポートサービスがある

## 本人、専門家との分担が必須

銀行や信託銀行などの金融機関でも相続手続きをサポートしてくれることがあります。遺言信託や遺産承継（整理）業務といった名称のチラシやCMを目にしたことがあるのではないでしょうか。

おもなサービス内容は次の①～⑨ですが、金融機関ごとに異なります。

①遺言の作成サポート、②遺言書の保管、③遺言執行業務、④相続財産調査、⑤法定相続人の確定作業、⑥相続財産確定、⑦相続財産目録の作成、⑧遺産分割協議書作成のサポート、⑨相続財産の換金や名義変更

すべて扱う場合もあれば、一部だけを行う場合もあります。

支払う報酬も金融機関によって異なりますが、多くは基本報酬（100万円程度）に加え、資産の金額×手数料率の合計額となるようです。遺言書の保管を依頼すると、別途保管料がかかることもあります。

注意点は、戸籍謄本集めや、相続財産の元となる資料集めなどは相続人自身で行うか、専門家に依頼が必要なこと。金融機関から遺産分割協議書の記載方法などのアドバイスはもらえますが、書面自体は相続人自身で作成しなければなりません。

法律上、専門家しか行えない手続きは、金融機関が提携している専門家を紹介されます。もちろん、専門家への報酬も別途発生します。

## 金融機関の相続手続きサポートの注意点

次の2点は事前に検討しましょう。

①金融機関の業務内容をきちんと確認する

大金を払ったのに、ほとんど何もしてくれなかったということがないよう、金融機関がやってくれること、相続人自身が行わなければならないことを事前に把握しておきましょう。

②費用対効果を考える

正直なところ、金融機関という看板による安心感はあるものの、業務内容は専門家に依頼することと大差がないため、かかる費用と効果を比較する必要があります。

# 最近よく聞く任意後見契約や死後事務委任契約のしくみ

## ふたつはセットで専門家に依頼

認知症などで判断能力がなくなる前に、判断能力が失われた場合に備えて、特定の人物にあらかじめ後見人になってもらうのが、任意後見契約です。

家族に任意後見人になってもらうこともできますが、専門家に依頼することもあります。この契約方法は法律で決められており、公正証書で行うことになっています。

任意後見人は、判断能力を失った人の療養看護および財産の管理に関する事務の全部または一部を任され、代理で行います。任意後見人の職務は、家庭裁判所が選任した任意後見監督人が監督します。

そして、契約で決められた代理権の範囲で、本人のための事務手続きを行い、亡くなった時点で任意後見人の業務は終了します。

また、亡くなった時点で任意後見人が管理していた財産は相続人に引き継がれます。

任意後見契約とセットで専門家に依頼されるのが、死後事務委任契約です。

任意後見人の業務が終わったあと、状況によっては、相続人が葬儀、埋葬、死亡届などの諸手続きや、医療施設・介護施設への支払い、家財道具や日用品などの処分ができないことがあります。

専門家は、亡くなった時点からこれらの手続きを契約にしたがって行います。手続きが終わると、相続人への引き継ぎが行われます。

## 任意後見のしくみ

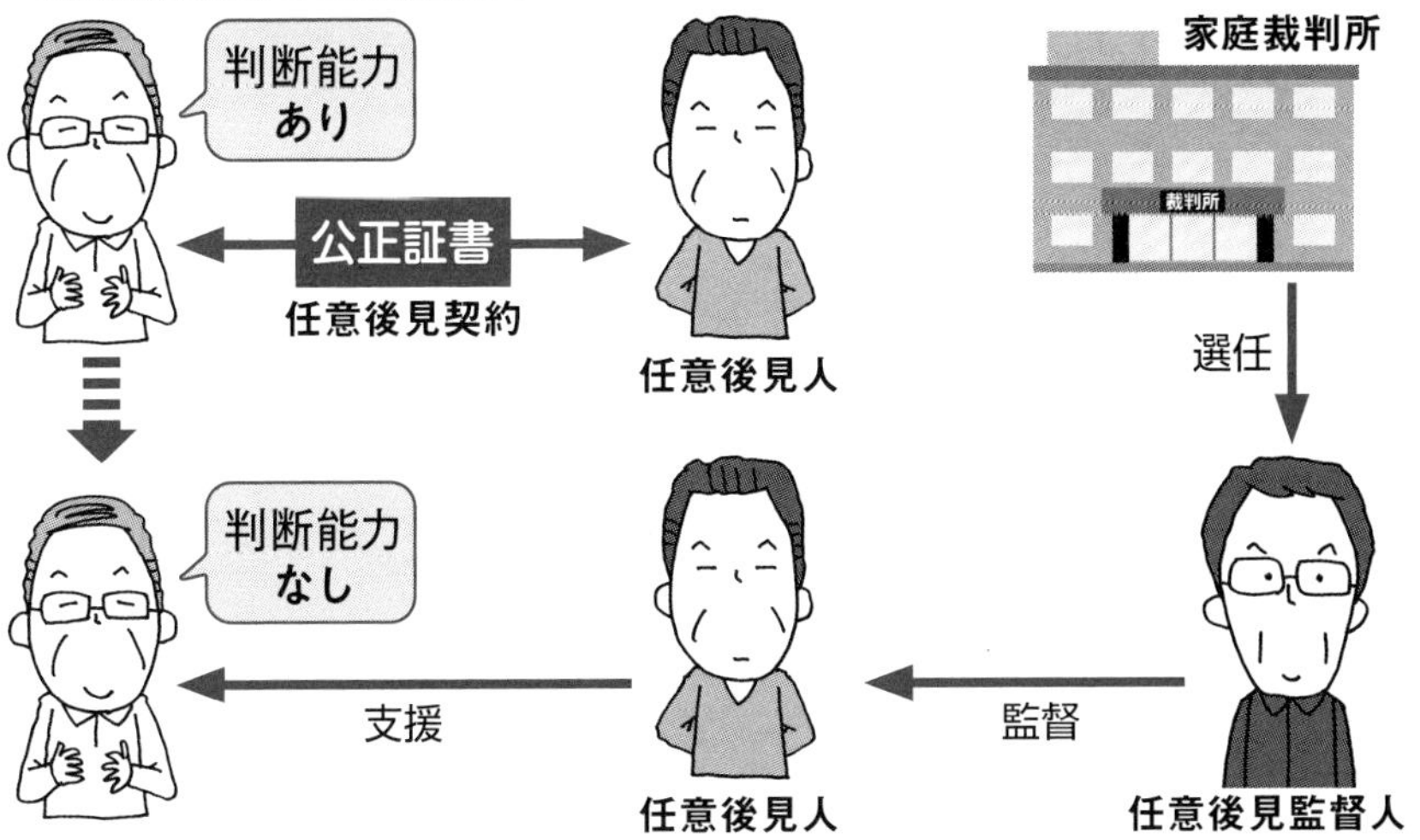

# 家屋は「どう引き継ぐ」かも決定して準備する

## 家屋を引き継ぐと決まった場合

家族会議の結果、実家を相続人の誰かが引き継ぐ場合、ふたつのパターンがあります。

ひとつめは、住むために引き継ぐ（同居を含む）パターンです。

子が引き継いで住むことが前提なので、そのときに建物の状態が悪くてはいけません。築年数や使われ方によりますが、リフォームをするなどして、建物をなるべくきれいな状態で保つ必要があります。

ふたつめは、資産として引き継ぐパターンです。

このように引き継ぐことができる家屋は、資産価値が見込める場合に限ります。将来的に売却や賃貸物件として活用することが想定され、その際にリフォームやリノベーシ

ョンが必要になるかもしれません。

## 住み替えを検討しても

生前に住宅を処分して引き継がないなら、住み替えをしなければなりません。場所を決め、住み替えの費用を工面するのはもちろん、モノの処分も必要です。

**①施設へ移る場合**

サービス付き高齢者住宅や有料老人ホームなどの民間施設への入居を考えるなら、入居時費用や月額利用料などがかかるため、住宅の売却代金や預貯金、年金などで余生が過ごせるかどうかの見通しを検討します。

とくに、介護が必要になったとき、受け

られるサービスは金額によって変わります。施設だけでなく、サービス内容を十分に比較・検討しましょう。

**②賃貸物件へ移る場合**

物件のよしあしもですが、病院や役所などの公共施設、駅やバス停などの交通機関へのアクセスのほか、子の家の近くなど立地面の検討が重要です。高齢者が入居できそうか、保証人を誰に頼むかなども検討します。

**③別の物件を購入する場合**

現状よりも小さなマンション・戸建てを購入する選択肢もあります。財産として残るため、売却しやすい物件を購入するなど、被相続人が亡くなったあとの処分方法を見越して検討しましょう。

**④二世帯住宅に建て替える場合**

現在住んでいる家に、子とその家族を迎え入れて同居する場合、二世帯住宅に建て替えるケースがあります。

被相続人が建て替え費用を全額負担した場合、相続財産に含まれます。親子で資金を出す場合の負担割合は、専門家と相談することをおすすめします。

### ⑤子の家に転居する場合

子が受け入れ可能であれば、移り住んで同居する選択肢もあるでしょう。この場合は、生活費の負担方法を決めましょう。

## 子の扶養に入ることも

所得が一定額以下の親が子と「生計を一」にした場合、子の扶養親族に入れることができます。その場合は、扶養控除が受けられて所得税が安くなります。親が70歳以上になると、さらに有利になる可能性があります。また、親が75歳未満であれば、子の会社の健康保険の扶養にも入ることができます。扶養に入るための条件はいくつかありますので、専門家に相談してみましょう。

### 住み替えのパターン例と注意点

| パターン | 注意点 |
| --- | --- |
| ①施設へ | 入居時費用や月額利用料など、介護が必要になった場合のサービス料がまかなえるか。 |
| ②賃貸物件へ | 交通機関へのアクセスに問題はないか。子の家は近いか。保証人を頼める人はいるか。 |
| ③別の家へ | 亡くなったあとの処分はどうするか（売却しやすい物件か）。 |
| ④二世帯住宅に建て替え | 建て替え費用は誰が負担するか。親子で資金を出す場合や生活費の負担割合をどうするか。 |
| ⑤子の家へ | 生活費をどのように負担するか。 |

# 家屋を引き継ぐ人がいない。ならば、どうする？

## 売るのも貸すのも専門家に相談を

引き継ぐ家族がいない家屋は、いずれ空き家になります。総務省の「住宅・土地統計調査（2018年）」によると、全国の空き家は約846万戸でした。この調査は5年ごとに行われており、2023年の調査結果では、さらに増えているでしょう。

空き家にしないためには、「売る」「貸す」「解体する」などの選択肢があります。これらを生前に行う場合、先に紹介した移り住む方法を考えなければなりません。いったん相続してもらい、子の世代で処分するといった現実的な選択も考えられます。

また、そもそも売れるのか？ いくらで売れるのか？ 売ったときにかかる税金は？ などは専門家や業者に聞き、家族と再度相談しましょう。

そのほか、リフォームして貸し出す方法もあります。立地がよければ民泊施設として活用できるかもしれません。当然、コストとリターンは要検討ですが、借主がリフォーム費用を出す代わりに、賃料を安くするといった方法もあります。

いずれも費用がかかることですので、素人判断をせず、専門家に相談しましょう。

費用が用意できるなら、解体することも選択肢に入ります。更地にすると固定資産税が上がる場合があり、駐車場として貸すなどで補填する手段を検討しましょう。

いずれにしても、「住居」は引き継ぐ・引き継がないだけでなく、金銭面についてしっかり話し合うことが大切です。

# 死ぬまで家に住み続け、亡くなったら家ごと精算

## 自宅を担保に老後資金を借りる手段

「リバースモーゲージ」という言葉をご存知でしょうか？

これは、引き継ぐ人がいない家を活用する手段のひとつとして、注目されています。都市部の転売可能な物件に限られますが、自宅を担保としてお金を借りることができ、亡くなった段階で自宅を処分して、借入金と利息を精算するというやり方です。

メリットは、老後の資金を用意でき、家にもそのまま住み続けられること。契約によっては、被相続人が亡くなったあとも配偶者が契約を引き継げたりします。

住宅の価値が低く、亡くなったときに借入金の返済が残る場合、債務が相続人に引き継がれる「リコース型」と、相続人が負担しなくてよい「ノンリコース型」がありま

す。後者のほうが審査は厳しく、金利は高くなります。

デメリットとしては、不動産の評価の60%～70%を限度としてしか借りられないこと、金利変動（上昇）によって返済額が増えるリスク、不動産の価値が下落した場合の融資限度額の見直しがあること、不動産価値が融資額を下回った場合の返済義務の発生などがあります。

いずれにしても、空き家を避ける意味で有効な手段ですが、要は借金が増えることになるので、金融機関の資料を取り寄せるなどして、家族会議でしっかり検討しましょう。

## リースバックは「家を売ってそのまま住む」

リースバックは、リバースモーゲージと異なり「住宅を売却」したうえで、住み続けるというものです。いわば賃貸になります。まとまったお金は入ってきますが、売却金額（市場価格よりも安くなることが多い）と賃料の比較・検討が必要です。

なお、リースバックで賃貸の契約を結ぶ場合は期間を定められる場合があり、死ぬまで住み続けられない可能性もあります。

## 結局、何をどこまで話し合えばよい？

何度も話し合うことは負担になりますから、どこかで線を引く必要があります。もちろん細かく決められれば相続はスムーズに進みますが、費用や手間を比較検討するのは、なかなかたいへんです。

人がいつ亡くなるのかはわかりませんし、死を前提とした話し合いは暗くなりがちです。まして、想定外のことまで対策するのは不可能です。**全員が想いを語りながら想定されることを洗い出し、方針が決められれば最低限はクリアです。**

私は仕事柄、さまざまな契約書に目を通します。そこにはたいてい、次のような文言が記されています。

「本契約に定めのない事項については、双方ともに誠意を持って協議し、解決に努めるものとする」

家族ですから、これを心がければよいのではないでしょうか。

# おわりに

司法書士・行政書士事務所を開業して16年が経過し、数多くの相続に関する相談を受けてきました。

お話を聞いていると、「生前に準備や対策がされていれば、もっとスムーズに進んだのに」と思うことが多々あります。また、相続人間の意思疎通ができていないことが原因で手続きが止まってしまうケースも、しばしばあります。

本書では、日々の相談や業務を行うなかで、私が思ったり感じたりしたことを紹介しました。ただ、個別の事情をすべてフォローするのは困難です。

自分のケースはどうだろう？　と思ったら、専門家に相談してみてはいかがでしょうか？　相続について考え、話し合う機会が生まれることを願っています。

太田昌宏

■著者紹介
太田 昌宏（おおた・まさひろ）
1972年、愛知県生まれ。司法書士・行政書士太田昌宏事務所代表。愛知教育大学大学院修士課程修了。行政書士事務所、司法書士事務所勤務を経て2007年に独立。愛知県司法書士会情報公開委員会委員長、愛知県行政書士会豊田支部副支部長。みよし市主催の行政書士・司法書士・土地家屋調査士による合同相談会、一般社団法人FPみよし協会が開催する相談会などで相談員を務めている。独立後の相続の受託件数は累計800件を超える。

■スタッフ
編集・構成／造事務所
ブックデザイン・図版／山口竜太（造事務所）
イラスト／田中斉

# 円満相続のための家族会議の始め方

発行日　2024年3月1日　初版第1刷発行

著　　者　太田　昌宏
発 行 人　須永　礼
発 行 所　株式会社メディアパル
〒162-8710
東京都新宿区東五軒町6-24
TEL. 03-5261-1171　FAX. 03-3235-4645

印刷・製本　中央精版印刷株式会社

ISBN978-4-8021-1079-2 C2036